Paula Lambert, geboren 1974, hat an der Axel Springer Akademie in Berlin ihr journalistisches Handwerk gelernt. Sie war Redakteurin bei der *Welt* und arbeitete als freie Autorin u. a. für *Geo, Die Zeit, mare* und *Emotion.* 1999 wurde sie mit dem Axel-Springer-Preis ausgezeichnet. Sie ist Deutschlands bekannteste Beziehungsratgeberin, hatte 12 Jahre lang eine Kolumne in der *GQ* und ist durch ihre TV-Sendungen »Im Bett mit Paula« *(ZDF kultur)* und »Paula kommt« *(Sixx)* einem großen Publikum bekannt. 2014 startete sie die erfolgreiche Kampagne gegen den weiblichen Optimierungswahn, #Paulaliebtdich. Paula Lambert lebt in Berlin.

PAULA LAMBERT

Finde dich gut, sonst findet dich keiner

Wie du lernst, dich selbst zu lieben,
und dabei unwiderstehlich wirst

Wilhelm Heyne Verlag
München

MIX
Papier aus verantwor-
tungsvollen Quellen
FSC® C014496

Verlagsgruppe Random House FSC® N001967

5. Auflage
Originalausgabe 10/2016

Copyright © 2016 by Wilhelm Heyne Verlag,
in der Verlagsgruppe Random House GmbH
Der Wilhelm Heyne Verlag, München,
ist ein Verlag in der Verlagsgruppe Random House GmbH,
Neumarkter Straße 28, 81673 München
Printed in Germany
Umschlaggestaltung: Hauptmann & Kompanie
Werbeagentur, Zürich
Umschlagfoto: Hadley Hudson
Redaktion: Eva Philippon
Satz: Leingärtner, Nabburg
Druck und Bindung: GGP Media GmbH, Pößneck
ISBN: 978-3-453-60381-3

www.heyne.de

Inhalt

Einleitung 9

Die Sache mit der Selbstliebe 11

Körper und Bodyimage 13

Du liebst dich nicht genug,
wenn du deinen Körper ablehnst 14

Du liebst dich nicht genug, wenn du dich
nicht schön genug findest 27

Du liebst dich nicht genug, wenn du alleine bist
mit deinen Zweifeln und Ängsten 40

Du liebst dich nicht genug, wenn du meinst,
du schaffst es nicht 44

Du liebst dich nicht genug, wenn du glaubst,
Männer stehen nur auf 90-60-90 53

Du liebst dich nicht genug, wenn dein Körper
unter einer Schwangerschaft leidet 57

Du liebst dich nicht genug, wenn du alleine
nichts wert bist 62

Du liebst dich nicht genug, wenn du alle
Männer über einen Kamm scherst 67

Du liebst dich nicht genug, wenn du
irgendein Essen als gut genug erachtest 77

Du liebst dich nicht genug, wenn du dich
mit Diäten in die Knie zwingst 83

Beziehungen und Dating 105

Du liebst dich nicht genug, wenn du dich
für beziehungsgestört hältst 105

Du liebst dich nicht genug, wenn du Beziehungen
als Bedürfnisbefriedigungsanstalt ansiehst 111

Du liebst dich nicht genug, wenn du ein Leben
lang vor dir wegläufst 118

Du liebst dich nicht genug, wenn du dein Leben
mit »Sex and the City« vergleichst 131

Du liebst dich nicht genug, wenn du ständig
eifersüchtig bist 136

Du liebst dich nicht genug, wenn du den
Erstbesten für den Besten hältst 139

Du liebst dich nicht genug, wenn du dich
ständig betrügen lässt 152

Du liebst dich nicht genug, wenn du
unbedingt heiraten willst 159

Du liebst dich nicht genug, wenn ein Kind dich
oder deine Beziehung retten soll 163

Sexualität und Befriedigung 165

Du liebst dich nicht genug,
wenn du Sex mit Liebe gleichsetzt 165

Du liebst dich nicht genug,
wenn du Sex nicht genießen kannst 176

Du liebst dich nicht genug,
wenn du schlechte Liebhaber gewähren lässt 186

Du liebst dich nicht genug,
wenn du dein Geschlechtsteil hässlich findest 193

Du liebst dich nicht genug,
wenn du nicht Nein sagen kannst 196

Du liebst dich nicht genug,
wenn du Pornos als Konkurrenz ansiehst 208

Du liebst dich nicht genug, wenn du wie
eine olympische Gymnastin durchs Bett turnst 215

Ausblick 219

Einleitung

Herzlichen Glückwunsch! Du hältst eines dieser Bücher in den Händen, nach deren Lektüre sich dein ganzes Leben komplett verändern wird – zum Guten natürlich! Alles, was du tun musst, ist, Schritt für Schritt eine Liste abarbeiten und dich ganz genau an die Regeln halten, und zack!, steht am nächsten Morgen dein neues Dasein vor der Tür, rosa und prall wie ein besonders appetitliches Marzipanschweinchen!

Na gut, ganz so einfach ist es nicht. Ich kenne viele Frauen, die mehr Selbsthilfebücher gelesen haben als Bridget Jones. Von *Kaputtes Elternhaus? Ihr todsicherer Zwölf-Punkte-Plan zur Rettung der Ehe von Mami und Papi* über *Mein Ex ist ein Armleuchter – So schaffen Sie es, ihn für immer zu vergessen* bis *Meine Eier und ich. Der Großstadt-Guide für die Suche nach dem perfekten Samenspender* ist alles dabei. Wird man exponentiell glücklicher, je mehr Bücher man wie *Fünf Lebensmittel für ein zuckerfreies Leben* oder *Ich kehre nur vor meiner Tür! Aufräumen für Egomanen leicht gemacht* liest? Ich weiß es nicht. Was ich aber weiß, ist, dass es zu viele Frauen und, ja, auch Männer gibt, die sehr unglücklich mit ein paar ganz entscheidenden Punkten in ihrem Leben sind: mit sich selbst und mit ihrem Beziehungsstatus.

Während ich darüber nachdachte, wo diese, man muss schon fast sagen, gesellschaftliche Epidemie ihren Ursprung hat, fiel mir auf, dass sich all diese Probleme auf eine Sache zurückführen ließen: nämlich den Mangel an Selbstliebe. Selbstliebe ist dieser Funken in uns, der uns jeden Tag sagen sollte, dass wir schon in Ordnung sind, wie wir sind, dass unsere Körper okay sind und wir uns nicht bis zum Zerbrechen verbiegen sollten, damit wir das Gefühl haben, liebenswert zu sein. Wenn es mal so einfach wäre! Zur Selbstliebe führt ein steiniger, holpriger Weg, der dafür sorgt, dass einem manchmal die nackten Füße bluten. Das wird jetzt keine Reise nach Disney World, so viel sei schon mal gesagt. Aber es ist eine Reise. Und Reisen haben immer einen guten Ausgang.

Eure Paula

Die Sache mit der Selbstliebe

Als ich meinen Freundinnen erzählte, dass ich ein Buch über Selbstliebe schreiben will, sagten sie: »Oh toll, du schreibst was über Masturbation? Das ist ja spitze!« Na ja. Obwohl Selbstbefriedigung natürlich auch so eine Art Selbstliebe ist – oder zumindest, wie Woody Allen mal gesagt hat, Sex mit jemandem, den man wirklich mag. Mit dem etwas sperrigen Wort Selbstliebe meine ich aber die Beziehung zu sich selbst, also das, was übrig bleibt, wenn alles andere wegfällt, was einen sonst so gut ablenkt. Selbstliebe ist die Beziehung, die man mit sich selber hat, und da ist es natürlich die Frage, ob das Ganze eher eine laue Affäre ist oder die ganz, ganz große Liebe. Und wenn es eher ein flüchtiges Abenteuer ist, dann ist die Chance groß, dass die Beziehungen, die du führst, nicht besonders gut funktionieren oder glücklich sind (vielleicht suchst du auch seit Jahren und denkst, dass es den oder die Richtige nicht gibt) und dass du ständig an dir zweifelst, an deinem Talent, an deiner Seele und an deinem Körper. Wenn ich daran denke, wie viele Jahre ich damit zugebracht habe, mich selber blöd zu finden, und wie vielen wirklich idiotischen Menschen ich erlaubt habe, ein Urteil über mich zu fällen, dann wird mir ganz schlecht. Und da ich einen Weg gefunden habe, damit aufzuhören, möchte ich ihn dir zeigen. Denn das Leben mit einer spitzenmäßigen Beziehung zu sich selbst ist so viel schöner, glücklicher und bunter, als ich es mir je erträumt habe!

Das Problem kann man in einem einzigen Satz zusammenfassen: Wenn du dich selber nicht liebst, kann dich auch kein anderer lieben. Es gibt ein paar sehr wichtige Bereiche, in denen Selbstliebe eine besonders große Rolle spielt und die entscheidend dadurch beeinflusst werden:

♡ Wie du mit deinem Körper umgehst und welches Bild
   er dir vermittelt.
♡ Wie du Beziehungen führst und welche Partner du
   dafür geeignet hältst.
♡ Wie du die Freude an Sexualität entdeckst,
   sie befriedigend auslebst und auch behältst.

Fangen wir also an, gemeinsam ein bisschen aufzuräumen.

Körper und Bodyimage

Bodyimage ist ein Wort, das aus dem englischen Sprachgebrauch stammt, logisch. Es beschreibt die Art, wie wir unseren Körper wahrnehmen, ob wir ihn annehmen, ihm in Liebe begegnen oder ihn schlichtweg blöd finden, und wie ein Körper in der Öffentlichkeit dargestellt wird, zum Beispiel in der Werbung. Auf Deutsch müsste es Körperbild heißen, aber das klingt so sozialpädagogisch. Bodyimage hat ja tatsächlich mehr mit Image zu tun als mit Eigenwahrnehmung. Wenn sich zum Beispiel ein Model mit größeren Maßen als 90-60-90 weigert, Übergrößenmodel genannt zu werden, dann vor allem deshalb, weil sie sich nicht wegen ihrer Figur stigmatisieren lassen will – Frauen können auch jenseits 90-60-90 sehr schön sein. Bodyimage ist also nicht nur das, was man selbst daraus macht, sondern auch, was man andere daraus machen lässt.

Du liebst dich nicht genug,
wenn du deinen Körper ablehnst

Wenn du dieses Buch liest, weil dich das Thema interessiert, dann hast du womöglich ein etwas, sagen wir, kompliziertes Verhältnis zu Beziehungen und vor allem zu deinem Körper. Gut möglich, dass du ihn irgendwie »nicht richtig« findest, ihm Attraktivität absprichst, und dass du mit ihm haderst. Keine Sorge, das ist leider völlig normal. Ich frage mich, ob sich Frauen und Männer früher so viele Gedanken darüber gemacht haben, wie ihr Körper aussieht, aber ich glaube nicht. Früher gab es auch noch keine Magazine oder Werbeplakate voll nackter Haut, die einem suggerierten, dass man ein bestimmtes Aussehen haben muss, um »richtig« zu sein. Das ist natürlich nur eine Vermutung. Marie-Antoinette wird sich wahnsinnig viele Gedanken darüber gemacht haben, wie eng ihre Taille in ein Korsett geschnürt werden konnte, aber normale Leute hatten wohl eher andere Probleme, zum Beispiel, wie sie am besten über die Runden kommen.

Heute benehmen wir uns irgendwie alle wie Marie-Antoinette, und das, obwohl wir wissen, wie es mit ihr ausgegangen ist (für alle, die es vergessen haben: Jemand hat ihr liebevoll den Kopf abgehackt). Wir sind dazu übergegangen, unsere Körper einem ständigen Vergleich auszusetzen. Aber stell dir mal vor, wie sich dein Körper damit fühlen muss! Ständig bekommt er Sachen zu hören wie: »Du bist einfach zu dick« oder »Da, wo andere Frauen Brüste haben, war bei dir wohl Produktionspause. Du solltest dich besser mit Silikon vollstopfen lassen, damit ich dich auch schön finden kann«. Eigentlich sollte der Körper ja so etwas wie der beste Freund eines jeden Menschen sein. Und was würde wohl ein Freund dazu sagen, wenn wir ihm vorwerfen, dass er zu träge ist, zu kurzbeinig, zu rundbäuchig oder zu lang gewachsen, um sich mit ihm wohlzufühlen? Ich weiß nicht, wie es um deine Freundinnen steht, aber meine würden mir ganz sicher sagen, dass ich total spinne und mir gefälligst einen anderen Umgang suchen soll. Und sie hätten verdammt recht damit!

Der arme Körper ist uns aber ziemlich ausgeliefert. Er kann ja nicht weglaufen und die Seele einfach so stehen lassen, zumindest nicht, ohne zu sterben. Und davon hätte ja niemand etwas. Was er aber tun kann, ist auf die Beleidigungen und die Ablehnung irgendwie reagieren. Er kann sehr dünn werden oder sehr dick, was noch häufiger vorkommt. Und er kann eine Menge Krankheiten entwickeln, die unter Umständen noch lauter und deutlicher sagen: »Hey, so kannst du wirklich nicht weitermachen! Mir geht es schlecht, kümmere dich um mich!«

Du hast einen Körper, damit er dich durchs Leben trägt und dich begleitet. Du bist nicht nur dein Körper, aber dein Körper drückt immer aus, wie du dich mit ihm fühlst. Ein häufiges Phänomen bei Menschen, die keine Liebe für sich selbst empfinden können, ist, dass sie zu viel essen. Speck kann als Schutz vor Kälte dienen, und damit meine ich nicht nur niedrige Außentemperaturen! Je mehr Stress oder Unglück ich gefühlt habe, desto mehr habe ich in mich reingestopft. Bis ich wirklich wie ein Marzipanschweinchen aussah, aber nicht auf die rosige, niedliche Art! Um dir zu erklären, wie ich von der totalen Ablehnung meines Körpers zur bedingungslosen Selbstliebe gefunden habe, muss ich dir meine Geschichte erzählen. Wie ich eben der Mensch wurde, der ich heute bin. Dazu gehören eine Menge trauriger Geschichten, aber das Gute ist ja, dass ich es am Ende geschafft habe, den Lauf der Geschichte herumzudrehen.

Also, pass auf. Lange Zeit war ich das große Gefunkel, ungefähr so echt wie ein Diamant aus Glas. Im Ernst, wann immer ich im Fernsehen auftrat, kam ich mir vor wie ein Clown, denn ich hatte massenweise Lippenstift auf dem Mund, Farbe auf den Augendeckeln und kiloweise Spray in den Haaren, und meistens trug ich dazu Kleider, in denen ich ein bisschen so aussah, wie ich mir einen Pfälzer Saumagen vorstelle: Wenn du mit einem Messer reinstichst, platzt alles heraus. Meine Stylistin, die süße Violetta Vio, mag meine Figur aus mir damals völlig unerfindlichen Gründen. Immer wenn ich wieder mal herumjammerte, sagte sie, ich sei so herrlich weiblich, aber ich fand mich einfach nur fett. Das Problem war, dass Vio noch heute findet, dass man mit meiner Figur unbedingt knallenge Kleider tragen muss. »Du hast so schöööne Sanduhrfigur«, schnurrt sie mich mit ihrem polnischen Dialekt jedes Mal an und hält mir irgendeinen Fummel hin, gegen den ein Neoprenanzug ein schlabbriger Schlafsack ist. Vio zieht massenweise Stars an, sogar eine Dame von *Game of Thrones*, und alle sehen immer absolut fantastisch aus. Ewig hielt ich mich für die einzige Witzfigur in ihrem Sortiment. Und jedes Mal quetschte ich mich seufzend in das Kleidchen, das sie mir hinhielt, zog den Bauch ein und fragte: »Sicher?« Worauf sie in die Hände klatschte und rief: »Perfekt! Sieht soooo seeexy aus!« Und ebenso lange glaubte ich ihr natürlich kein Wort.

Wenn ich rausging, fühlte ich mich schon beim ersten Schritt affig. Auf High Heels schwankte ich durch Studios oder über Showtreppen und dachte daran, dass die meisten Menschen jetzt wohl über mich lachen würden, so wie ich aussah. Das Problem mit der Öffentlichkeit ist natürlich, dass man einen möglichst souveränen Eindruck machen muss, sonst zerreißen sie dich. Wenn ich zum Beispiel bei Stefan Raab zu Gast war, dann wusste ich, dass ich ungefähr 20 Sekunden hatte, um ihn davon zu überzeugen, mich nicht aufzufressen. So lange dauerte nämlich die Begrüßungsrunde vor der Show, wo ihn mir eine ältere Dame mit den Worten »Gleich kommt Stefan!« ankündigte, als wäre er jemand, der Angst vor Leuten hat und bei dem man deshalb extra ruhig sein muss. Vielleicht hatte er sogar Angst, aber sicher nicht halb so viel wie ich.

Als ich das erste Mal bei *TV Total* zu Gast war, wusste ich, dass ich irgendwie dafür sorgen muss, dass er mir nicht wehtut oder sich über mich lustig macht. Vor allem nicht über meine Figur, da hätte ich jede Souveränität verloren. Was macht man also, wenn man sich klein und murkelig fühlt wie eine olle Rosine, aber strahlend prall und selbstbewusst wirken muss wie ein junger Weinstock voll saftiger Träubchen? Man plant den Mega-Move. Mein Mega-Move sah in dem Fall so aus, dass ich seine Hand ein bisschen zu lange festhielt und in circa anderthalb Sekunden den Satz raushaute: »Wir waren übrigens im selben Chor, damals am Aloisius-Kolleg, da haben wir ›Copacabana‹ gesungen mit diesem komischen Chorleiter, wie hieß der noch, und übrigens, Josef Engels lässt liebe Grüße ausrichten.«

Ich war hinterher noch außer Atem, aber der Zauber schien zu wirken. Zumal das mit dem Chor auch wirklich stimmte, nur dass er ein paar Jahre vor mir am Kolleg war und ich als Externe später, und da auch nur, um Jungs kennenzulernen. Und mit Josef, der ein Freund von mir ist, hat er mal Musik gemacht, vor ungefähr 25 Jahren. Jedenfalls ließ mich Stefan Raab sage und schreibe 17 Minuten auf der Couch bei sich sitzen, redete und redete, während ich einen kleinen Rekord aufstellte, obwohl die Aufnahmeleiterin die ganze Zeit mit dem Schildchen wedelte, auf dem stand, dass er endlich das Gespräch beenden muss. Nach der Aufzeichnung hörte ich, dass ein paar Männer meinen Arsch geil fanden, aber das änderte nichts daran, dass ich dachte, die sind wirklich bekloppt, weil es der fetteste, hässlichste Arsch der Welt ist und ich nichts weiter war als eine peinliche Witzfigur.

Sich nicht attraktiv zu finden und gleichzeitig beim Fernsehen zu arbeiten ist eine echte Scheißkombi. Ständig musste ich so tun, als würde ich mich fantastisch wohlfühlen in meinem Körper, obwohl ich mich in Wahrheit vor jedem Spiegel wegduckte, der mir auf dem Weg begegnete. Wenn Menschen mir schrieben, dass sie mich hübsch fänden oder ich für sie ein Vorbild sei, weil ich mich »trotz dieser Figur« so kleidete und dazu stand, dann antwortete ich nett und dachte, dass sie sich irrten. Wenn einer den Kommentar abließ: »Eine fette

Sau wie du gehört nicht ins Fernsehen«, dann dachte ich, ja, eigentlich hat er recht. Die ausgestrahlten Folgen meiner Sendung sah ich mir gar nicht erst an, um nicht mit vor Scham geröteten Backen vor dem Fernseher zu sitzen, und das nicht, weil die Themen so explizit waren.

Ich sehe ein, dass das hier ein ziemlich weiter Schritt ist von meinem ersten Buch mit Sätzen wie ›Dafür, dass er einen Großteil seiner Zeit in einer Steilwand hängend verbrachte, hatte er eine bemerkenswert schlechte Augen-Penis-Koordination‹. Aber ich finde, man kann daran ganz schön den Weg sehen, den ich gehen musste, um endlich glücklich mit mir selbst zu werden. Und da ich so ziemlich die bockigste Person auf der Welt bin, schafft ihr das auch! Locker!

Das Leben, das ich bis vor einigen Jahren führte, war in Sachen Selbstliebe, gelinde gesagt, ein bisschen oberflächlich. Natürlich habe ich mich um die Bedürfnisse anderer Menschen gekümmert, aber meine eigenen blieben auf der Strecke … Tja, das war ein bisschen so, als würde man vom Spaghetti-Eis immer nur die obere Schicht abkratzen, obwohl doch jeder weiß, dass der eigentliche Zauber dieser Eiskreation in der gefrorenen Sahneschicht ganz unten liegt. So richtig die Hosen herunterzulassen, habe ich all die Jahre nicht geschafft. Und das, obwohl das Gefühl, dass irgendetwas dabei nicht ganz richtig war, schon lange existierte, vielleicht so lange wie ich selbst.

Das größte Problem beim Herunterlassen der Hosen war

natürlich nicht das Kleidungsstück selbst (die Hose war im Übrigen sehr unbequem), sondern eher die Angst, nackt dazustehen und nicht mehr liebenswert gefunden zu werden. Ich hatte eine Mordsangst, dass die Leute auf mich zeigen würden und sagen: »Haha, du doofe Kuh, mit Narben und Ängsten wollen wir dich aber nicht haben!«

Aber ehrlich gesagt, anders geht es gar nicht! Also, zack, da rutscht sie runter, die olle Jeans!

Aus heutiger Sicht war ich immer schlank, solange ich denken kann, aber schon als Kind dachte ich, ich wäre die fetteste Person auf Erden. Wenn ich als 13- oder 14-Jährige morgens aufstand, zwiebelte ich als Erstes an meinen Hautfalten, um zu messen, wie dick sich das Gewebe zusammenschieben ließ. Mehr als ein halber Zentimeter war ein Drama. Meine halbe Jugend trainierte ich wie besessen, um nicht so auszusehen wie so viele meiner Familie mütterlicherseits: dick, träge, unglücklich und mürrisch, der Umstände halber. Ein bisschen wie die moosbewachsenen Trolle mit der dicken Nase aus *Die Eiskönigin*, nur ohne deren Lebensfreude. Ich litt an so etwas wie geistiger Fettheit.

Die Ermangelung irgendeiner Speckigkeit an meinem Körper ließ mich schnell zum Gespött werden. »Du bist so mager, wenn ich mal wissen will, wie viele Rippen so ein Brustkorb hat, muss ich nur dich ansehen«, bekam ich von Verwandten zu hören, oder »Du musst aufpassen, dass du irgendwann mal einen Hintern bekommst, da ist ja gar nichts. Zum Glück hast du wenigstens ein Hohlkreuz.« Sie klatschten sich auf dicke Schenkel, die sie in Wahrheit hassten, und in mir stieg die Panik hoch, einerseits nicht richtig zu sein und andererseits auf keinen Fall so aussehen zu wollen wie sie.

Meine Mutter ist eine freundliche, kluge Frau, aber in ihrer Funktion als Mutter war sie für mich wirklich vollkommen ungeeignet. Wenn ich an meine Kindheit zurückdenke, ist das eine Zeit, in der sie sich im Wesentlichen mit sich selbst beschäftigte. Ich hatte immer das Gefühl, das Zuviel in ihrem Leben zu sein, das überflüssige Etwas, und das war nicht mal ihre Schuld, weil ja auch sie Opfer der Umstände war. Wehtat es natürlich trotzdem. Manchmal denken Menschen, dass ein Kind, eine Heirat oder ein neues Auto die vorhandenen Probleme lösen wird, nur hat man dann am Ende noch ein paar oben draufgepackt. Ich will hier nicht rumjammern, aber ich glaube, es ist wichtig zu wissen, woher ich komme, um zu verstehen, was ich sagen will.

Sich als Kind gegen das Desinteresse der Erwachsenen zu wehren, die sich eigentlich um einen kümmern sollen, ist unmöglich. Wenn es gut läuft, legt man sich eine Teflonschicht zu, damit man nicht kaputtgeht. Ich habe eine superdicke Teflonschicht. Im Ernst, im Falle einer Zombie-Apokalypse bin ich die ideale Anführerin. Es prallt heute nicht mehr alles an mir ab, aber ich kann jederzeit auf Überlebensmodus schalten. Früher fand ich das ziemlich cool, denn irgendwie musste ich mir dieses Gefühl des Alleinseins ja schönreden. Dass ich als Siebenjährige eine Einzimmerwohnung auf der anderen Seite des Mietshauses hatte, alleine zu Bett und wieder aufstehen musste und häufig alleine aß, kam mir vor wie ein

Beweis meiner frühen Reife. Ich habe Jahre gebraucht, um als Erwachsene zu verstehen, dass man sich beim Essen auch hinsetzen kann und es genießen darf. Meine hedonistischen Züge haben sicher in dem Mangel an Schönheit und Luxus von damals ihren Ursprung; ich habe immer noch das Bedürfnis, alles zu feiern, was gut und gelungen ist.

Für mich fühlte es sich so an: Meine Mutter war offensichtlich nur damit beschäftigt, zur Arbeit zu gehen, Männer kennenzulernen und sich im Wesentlichen um Dinge zu kümmern, mit denen sie sich wohl von sich selbst ablenken und ihre Freizeit ein bisschen bunter machen konnte. Ich gehörte ganz logischerweise nicht wirklich dazu, denn ein Kind, das weiß jeder, der eines hat, zeigt einem ständig auf, wo man von sich selber wegdriftet, wo man Schwachstellen hat, wo man nicht aufmerksam ist. Für mich war mit ihr zu leben ungefähr so, als wäre ich ein lästiger Besuch, den man abzuschütteln versucht, indem man sich den ganzen Tag mit Terminen vollknallt und dann sagt: »Tut mir leid, aber ich hatte dir ja schon vorher gesagt, dass ich heute viel zu tun habe.« Ich habe als Kind viel um Aufmerksamkeit gebettelt, bis ich dann irgendwann aufgegeben habe, sie dort zu suchen, wo sie herkommen sollte.

Die Erinnerung ist ein Fisch im trüben Wasser. Manchmal täuscht einen ein Sonnenstrahl, ein Funkeln hier und dort, bis man nicht mehr sicher ist, was man tatsächlich gesehen hat. Ich erinnere mich nicht daran, dass meine Mutter mich mal nachmittags mitgenommen hätte, um mit mir ein Eis zu essen oder ins Kino zu gehen. Meinen ersten Kinofilm, *Der dunkle Kristall*, schaute ich mit einer Bekannten des damaligen Ehemannes meiner Mutter, und schon damals hatte ich das Gefühl, einem Gnadenakt beizuwohnen, dass überhaupt jemand mit mir etwas unternehmen wollte. Dann erinnere ich mich an wilde Streitereien, in denen ich wieder und wieder »Ich hasse dich« brüllte und doch meinte: »Warum liebst du mich denn nicht?« Aber auch ein Nachmittag ist mir im Gedächtnis, wo sie aus dem Nichts anfing, vor mir durch die Küche zu traben und ich dann mit einfiel, bis wir im wilden Galopp kreischend hintereinander herrannten, einfach so. Das Ganze dauerte vielleicht fünf Minuten, bis wir schwitzend und gackernd auf den Boden sanken, aber es war einer der schönsten Nachmittage meiner Kindheit.

Einmal verbrachten wir vier Sommerwochen in Spanien in einer winzigen Bruchbude mitten auf dem Land mit einem Plumpsklo, in dem die Luft schwarz vor Fliegen war. Die Bruchbude gehörte einer Autorin, die Kinderbücher im Dritte-Welt-Shop in unserer Straße verkaufte, und tatsächlich sah die Hütte genauso aus wie das Haus von dem kleinen Jungen, der in dem Buch *Ich bin Paco* Yamswurzeln oder so etwas in Peru sammelte. Es war ein schöner Urlaub, vielleicht auch, weil ein anderes Paar mit Kind dabei war. Und obwohl es jeden Tag einen widerlich schlabbrigen Gemüseeintopf aus Zucchini und Auberginen gab, war es ein herrlicher Sommer. In jener Zeit hatte meine Mutter einen wundervollen Mann, der sich tatsächlich mit mir beschäftigte, auch wenn er über mein Hohlkreuz spottete. Leider blieb er nur wenige Jahre.

Kochen, dafür braucht man Ruhe und Besonnenheit, und

das war keine Stärke meiner Mutter. Aber Urlaub machen, das war wirklich ihr Ding, vielleicht auch, um von dem ganzen Druck wegzukommen, den das Leben als Alleinerziehende so mit sich bringt. Mein Vater lebte ja in Bayern, ich sah ihn höchstens an den Weihnachtsfeiertagen, zumindest, bis ich so 15, 16 war und die Dinge selbst in die Hand nehmen konnte. Warum sie mich nicht einfach zu ihm geschickt hat, habe ich nie ganz verstanden, aber es muss wohl die Hoffnung gewesen sein, dass ihr Leben mit mir an ihrer Seite irgendwie strukturierter ablaufen würde. Dann kam aber wieder das Chaos dazwischen, und sie verschwand, ohne mich zu informieren. Zweimal fand ich einen Zettel vor, dass sie fortgefahren sei und erst wieder in zwei Wochen zurückkommen wollte. »Wenn du Geld brauchst, frag G.« G. war ihre Freundin. Ich nistete mich bei Mitschülern ein, kam klar, wie man als Teflon-Kid immer klarkommt. Es war verletzend, ja, aber war es nicht auch irgendwie cool? Erst heute ist mir klar, dass meine Mutter sich selbst wohl auch nicht besonders liebte. Hätte sie sich geliebt, hätte sie auch mir Liebe zeigen können.

Kindern wird ja immer eingeredet, dass die Kindheit eine super Sache ist. Das stimmt nur sehr bedingt. Kind zu sein ist deshalb schön, weil man viele Erfahrungen zum ersten Mal machen kann und alles, sogar das Fangen eines besonders bunt glitzernden Käfers, das Zeug dazu hat, große Erinnerungen zu schaffen. Die meiste Zeit ist man als Kind aber damit beschäftigt, Dinge auszugleichen, die die Erwachsenen um einen herum verbocken. Meistens geht das auf Kosten des eigenen Selbstverständnisses, und ich kenne kaum jemanden, der nicht voller Zweifel auf seine Kindheit zurückblickt. Das ist auch okay, weil es völlig normal ist. Anders ginge es nur, wenn die Eltern schon die Stufe kurz vor dem Nirwana erreicht hätten und total ausgeglichene Menschen wären, die keinerlei Ängste, Nöte oder Zweifel hätten.

#paulaliebtdich – und du kannst das auch

In Sachen Minderwertigkeitsgefühlen bin ich also eine echte Koryphäe. Das ständige Gefühl, nicht willkommen, lästig oder eben einfach nicht wichtig zu sein, hat Spuren hinterlassen. Blöd nur, dass ich jahrelang keine Ahnung davon hatte, sondern nur ein schlechtes Gefühl mit mir herumtrug, das mich überall hin begleitete. Spuren und Kratzer können unterschiedliche Tiefen haben. Manche hinterlassen nur feine Narben, andere wachsen sich zur lebensbedrohlichen Entzündung aus. Nimm deine Kratzer also ernst, und pflege sie mit so viel Liebe, wie du nur geben kannst!

Vor ein paar Jahren habe ich aus einem Impuls heraus die Initiative #paulaliebtdich gegründet. Ich hatte damals immer noch keine Ahnung, wie sehr diese Sache mit der fehlenden Selbstliebe mein Leben gelenkt hatte, aber es war schön, dass ich jetzt für das komische Gefühl, das mich immer noch in Wellen überspülte, wenigstens eine Begrifflichkeit gefunden hatte. Der Titel ist autosuggestiv gemeint, und ich dachte, dass es cool wäre, wenn jeder ein T-Shirt mit seinem Namen darauf tragen würde. Wenn du also Sabine heißt oder Martin, dann stünde auf deinem T-Shirt #sabineliebtdich oder eben #martinliebtdich, so dass du, wenn du in den Spiegel schaust, immer siehst, dass du dich liebst. Oder es zumindest unbedingt lernen solltest. Aber keine Sorge, wir sind ja schon auf dem Weg! Damals haben mir viele Frauen und Männer ihre Geschichten geschrieben, und ich habe kapiert, dass ich nicht allein bin, sondern es einer großen Zahl an Menschen genauso geht wie mir. Bei fast allen hatte der Mangel an Selbstliebe übrigens die gleichen Konsequenzen: Entweder sie gingen zerstörerisch mit ihrem Körper um, oder sie führten ihr Leben in Beziehungen, die ihnen überhaupt nicht guttaten und in denen sie sich eigentlich auch nicht wohlfühlten.

Finde dich gut-Effekt:

Du siehst, dein Körper ist das Symptom, nicht die Ursache. Er ist ein Spiegel der Seele, also sei nicht enttäuscht, wenn dein Körper nicht so aussieht, wie du ihn dir erträumst. Daran kannst du arbeiten. Jetzt sollst du ihn erst mal mit Wohlwollen betrachten. Stell dich vor den Spiegel, und sag zu deinem Körper: »Danke, dass du für mich da bist. Ich finde dich toll, und ich werde mich von jetzt an besonders liebevoll um dich kümmern.« Wiederhole das jeden Tag. Sobald du deinen Körper angenommen hast, ermöglichst du es anderen, ihn ebenfalls schön zu finden. Attraktivität ist eine Frage der inneren Haltung.

Du liebst dich nicht genug,
wenn du dich nicht schön genug findest

Ich habe ewig gebraucht, um das Konzept der wahren Schönheit zu verstehen. Schönheit ist wahrscheinlich das subjektivste Empfinden, das es überhaupt gibt, aber ich hätte da ein paar grundsätzliche Punkte, die du dir gern auf dein hübsches Näschen schreiben kannst:

♡ Viele Menschen finden dich schön. Und zwar ganz unabhängig davon, wie du aussiehst.

♡ Allerdings ist es auch egal, wie viele Menschen dich schön finden, wenn du es selbst nicht tust.

♡ Du solltest dich schön fühlen, denn du kannst dich ganz bewusst dafür entscheiden, schön zu sein. Ganz egal, wie viele Fehler wir machen, wie sehr sich unser Körper verändert oder wie grässlich sich andere Menschen manchmal verhalten. Wahre Schönheit ist eine Entscheidung, die wir nicht aus narzisstischen Gründen, sondern ganz allein für uns selbst treffen.

♡ Wahre Schönheit vergeht nicht. Lass dir von niemandem etwas anderes sagen. Natürlich wird sich die Haut verandern, die Haare und vielleicht auch die Körperform, aber das alles kann deine Schönheit nicht verletzen. Denk an die vielen wirklich schönen alten Damen und Herren. Natürlich sehen sie nicht mehr jung und faltenlos aus, aber schön sind sie dennoch. Werde ein Mensch wie sie.

♡ Deine Schönheit ist deine Leidenschaft, die Lust, die du dem Leben entgegenbringst. Diese Lebensfreude beeinflusst nicht nur dich, sondern auch dein Umfeld. Sie dringt in das Leben der anderen ein und macht auch sie glücklicher und zu besseren Menschen. Schon mal gemerkt, was passiert, wenn man die Menschen morgens anlächelt, anstatt seinen Launen nachzugeben?

♡ Es ist ganz einfach, Dinge zu ignorieren, die man eigentlich an sich mag, und sich ganz auf angebliche Schwächen zu fokussieren, die man überhaupt nicht ausstehen kann. Warum? Weil es uns so beigebracht wurde. Wir fühlen uns alle manchmal blöd. Das zu ändern haben wir selbst in der Hand.

♡ Ob man sich nach der letzten Mode kleidet, ständig High Heels trägt oder jedem Trend hinterherrennt, hat nichts damit zu tun, ob man schön ist oder nicht.

♡ Es ist wahrscheinlich so, dass du nicht aussiehst wie Cindy Crawford. Ganz ehrlich, wer tut das schon? Du kannst dich trotzdem nicht dein ganzes Leben darüber ärgern. Kehre deine Schönheit heraus, und sei dein allerbestes Selbst.

♡ Es ist schön, Komplimente zu bekommen. Noch schöner ist es, Komplimente zurückzugeben, vor allem an junge Mädchen und Jungs. Am besten sind Komplimente, die sich auf den Charakter, gutes Handeln oder das freundliche Wesen beziehen und nicht auf schicke Klamotten, schöne Augen oder besonders weiße Zähne.

♡ Tue mehr Dinge, die dafür sorgen, dich glücklich und schön zu fühlen. Selbst wenn es das laute Singen im Wohnzimmer ist – mach es täglich. Am besten ist es, wenn du es mit jemandem machen kannst, den es auch glücklich macht. Dann fühlst du dich extraschön.

♡ Es ist eine Zeitverschwendung, den Idealen einer anderen Person hinterherzulaufen. Was bedeutet für dich, schön zu sein und Schönes zu tun? Fühlst du dich wohl dabei? Dann bleib genauso, und lass dich von niemandem davon abbringen. Vor allem nicht von dir selbst.

♡ Sag dir jeden Tag, was du an dir schön findest. Nenne auch Dinge, die du eigentlich blöd findest, wie zum Beispiel deine Falten, und sag dir, dass du dir genau dieses eine Fältchen in einem sehr glücklichen Moment erlacht hast. Du bist schön, egal, was die anderen sagen. Sei es für dich.

Vom negativen Selbstbild kann man sich trennen

Not so fun fact: Im Schnitt haben Frauen 13 negative Gedanken pro Tag in Bezug auf ihren Körper. Und 97 Prozent sagen aus, ihren Körper zu hassen. Ausgehend von den USA, gibt es inzwischen überall auf der Welt eine starke Bewegung, die das sogenannte Bodyimage, das Körperbild speziell von Frauen, wieder Richtung Selbstakzeptanz bringen will. Es hilft ja nichts, wenn alle nur lamentieren: »Ich bin so fett, ich werde niemals Liebe bekommen, und ich verdiene auch nicht, mich schön zu kleiden oder sonst wie angenehm aufzufallen!« Du kannst auch die Begriffe dünn, alt, versehrt oder pickelig einsetzen –

am Ende geht es darum, dass wir alle mit dem Körper leben, den wir nun mal gerade haben. Je lieber du ihn hast, desto schöner ist eure Beziehung. Eigentlich ganz einfach.

Die Schauspielerin Liz Hurley hat einmal in einem Interview über Marilyn Monroe gesagt: »Wenn ich so fett wäre wie sie, würde ich mich umbringen.« Sympathisch, oder? Eine Frau, die vor allem dafür bekannt ist, die Exfreundin von Hugh Grant zu sein, wirft einer der schönsten Frauen der Weltgeschichte vor, nicht schön zu sein, weil sie weibliche Kurven hat. Zum Glück hat nicht jeder den Geschmack von Liz Hurley. Der Gedanke, dass sie sich mit meinen Körpermaßen vor Unglück von der Brücke stürzen würde, erheitert mich ebenso, wie er mich traurig macht: Liz Hurley ist eine Frau, die ihren Wert ausschließlich über ihr Äußeres feststellt. Marilyn Monroe gilt bis heute als eine der schönsten Frauen der Welt, hingegen besteht Liz Hurleys größte Errungenschaft darin, ein nicht besonders geschmackvolles Kleid von Versace getragen zu haben, das von großen Sicherheitsnadeln zusammengehalten wurde.

Habe ich mich je hässlich gefühlt? Jawohl, fast mein ganzes Leben lang! Eine ziemliche Verschwendung, wenn du mich fragst. Im Grunde habe ich meine gesamte Jugend damit verbracht, mich idiotisch und fremd zu fühlen, und ich will mich in meinen runden Arsch beißen, wenn es mir nicht gelingt, dich vom Gegenteil zu überzeugen!

Vor einiger Zeit saß ich mit dem britischen Moderator Piers Morgan beim Abendessen. Wir sprachen darüber, wie kompliziert sich für viele Frauen heute die Partnersuche gestaltet, weil sich so wenige trauen, einfach sie selbst zu sein. »Ich kann diesen Diät-Mist nicht mehr hören«, sagte er. »Wenn Frauen endlich anfangen würden, sich ihrem Körper gegenüber natürlich zu verhalten, könnten sie jeden Mann haben, den sie wollten. Fünf oder zehn Pfund mehr, und dazu ein bisschen Spaß am Leben, schon wäre das Singleproblem gelöst.« Eigentlich wollte ich dieses Buch *Gain ten Pound and get any man you want*, nennen, das war nämlich der Titel, der uns damals einfiel. Aber auf Deutsch klingt *Nimm zehn Pfund zu und bekomme jeden Mann, den du willst* einfach nicht gut. Im Kern ist die Aussage aber die, dass wir endlich damit aufhören müssen, uns diesem völlig beknackten Stress mit unseren Körperidealen auszuliefern. Wenn du eine supertolle, liebe und lustige Frau bist, ist es vernünftigen Männern scheißegal, ob du Speck an deinen Hüften hast oder nicht. Der Speck kommt meistens, wenn die Seele etwas nicht aushält. Aber dazu später mehr.

Im Leben der meisten Menschen, vor allem von Frauen, gibt es offenbar einen Moment, in dem das Gefühl, wunderbar zu sein, verrutscht und der Empfindung weicht, irgendwie falsch zu sein, anders. Ich schätze, dass der Zeitpunkt dafür bei den meisten irgendwo zwischen sechs und 18 liegt, wenn man sich zum ersten Mal mit anderen vergleicht. Fragt man nämlich Kindergartenkinder, was sie an ihrem Körper ändern würden, dann sagen sie Dinge wie »Ich hätte gerne Flügel, damit ich fliegen kann« oder »Ich möchte einen Schwanz, mit dem ich mich wie ein Affe an Äste klammern kann«. Alles fantastische Ideen, denn, ja, warum sollte man etwas wegnehmen an einem Körper, der völlig in Ordnung ist? Es macht mich wirklich traurig, dass wir es nicht schaffen, Kindern dieses Gefühl zu bewahren.

Die Journalistin Kasey Edwards hat einmal einen sehr berührenden Essay dazu geschrieben (http://www.kaseyedwards.com/when-your-mother-says-shes-fat/). Ich habe ihn vor Jahren übersetzt und auf meiner Facebook-Seite geposted, weil mich der Text sehr berührte und ich sehen wollte, welche Reaktionen er auslöste. Es gab zwei sehr unterschiedliche Stimmungen. Die einen fühlten sich von dem Text ebenfalls berührt, weil er dem entsprach, was sie fühlten und erfahren haben. Die anderen schimpften und fanden es eine Frechheit, dass eine Frau ihrer Mutter die Schuld an ihrem gestörten Körperbild gab. Ich finde aber nicht, dass es hier um Schuld geht. Was Kasey Edwards beschreibt, ist ein ganz normaler Vorgang: Frauen geben Mädchen das eigene Gefühl des Mangels weiter, und zwar ganz unbewusst und, wie ich meine, ohne böse Absicht.

Liebe Mama,

ich war sieben, als du mir deine Wahrheit offenbart hast. Bis zu diesem Punkt habe ich geglaubt, dass du schön bist – in jeglicher Hinsicht. Ich erinnere mich noch, wie ich in einem alten Fotoalbum ein Bild von dir gesehen habe, auf dem du an Deck eines Bootes standest. Dein weißer trägerloser Badeanzug sah so glamourös aus, genau wie bei einem Filmstar. Immer wieder kramte ich diesen Badeanzug, der noch immer existierte, aus der hintersten Ecke deines Kleiderschrankes hervor und stellte mir vor, dass ich eines Tages alt genug wäre, ihn zu tragen. Wenn ich endlich so wäre wie du.

Aber all das änderte sich eines Abends, als wir uns für eine Party schön angezogen hatten und du zu mir sagtest: »Schau dich an, wie schlank und schön du bist. Und sieh mich an, wie fett und hässlich ich bin.« »Du bist doch nicht fett«, sagte ich, ernst und unschuldig zugleich. »Doch, das bin ich, Süße«, sagtest du. »Ich war immer schon fett, sogar als Kind.« In den folgenden Tagen machte ich ein paar sehr schmerzhafte Entdeckungen. Ich begriff, dass du erstens wirklich fett sein musstest, denn Mütter lügen nicht. Zweitens, dass Fett hässlich war. Und drittens, dass ich als Erwachsene wie du sein würde, nämlich fett und hässlich.

Jahre später sah ich auf diese und Hunderte weitere Unterhaltungen zurück und verfluchte dich dafür, dass du dich so unattraktiv, unsicher und wertlos gefühlt hast. Denn du warst mein erstes, einflussreichstes Vorbild und hast mich gelehrt, das Gleiche über mich selbst zu glauben. Mit jeder schiefen Grimasse, die du deinem Spiegelbild zugeworfen hast, mit jeder neuen Wunderdiät und jedem schuldbewusst eingenommenen Löffel voll »Oh, ich sollte wirklich nicht« habe ich gelernt, dass Frauen dünn sein müssen, um echt und wertvoll zu sein. Mehr haben Mädchen nicht zu bieten, denn ihr kostbarster Beitrag zur Welt ist ihre körperliche Schönheit. Genau wie du habe ich einen Großteil meines Lebens damit verbracht, mich fett zu fühlen. Seit wann ist »fett« überhaupt ein Gefühl? Und weil ich glaubte, fett zu sein, ahnte ich, dass ich nichts wert war.

Traurig, oder? Erinnerst du dich noch an den Moment, als du das erste Mal anfingst, an dir zu zweifeln? Ich denke, es ist eine gute Idee, diesen Moment aufzuschreiben und ihn mal mit der Realität abzugleichen.

Es ist nämlich total leicht, sich vor den Spiegel zu stellen, und sich selbst runterzumachen. Ich kenne eine Frau, die als Kind sehr moppelig und rund war (weil sie mit der Scheidung ihrer Eltern nicht klarkam, suchte sie Trost im übermäßigen Verzehr von Nahrung) und sich als Erwachsene auf ein absolutes Magermaß heruntergehungert hat. Ihre größte Panik ist es bis heute, wieder ein speckiges Menschlein zu werden, aber das Schlimmste ist, dass sie mit dem Kind, das sich aus Trauer rundgegessen hat, kein Erbarmen hat. Noch heute stellt sie sich morgens vor den Spiegel und beschimpft sich. »Du fette Sau, wie du heute wieder aussiehst! Du hast zu viel gefressen gestern, du bist wirklich absolut hässlich!« Es gibt ja dieses Prinzip der *self-fulfilling phrophecy* – wenn du dir etwas oft genug einredest, wird es irgendwann wahr. Und es gibt Tage, an denen sieht diese Frau wirklich hässlich aus. Nicht, weil sie es ist (sie ist sehr hübsch), sondern weil sie jeden überzeugt, dass es wirklich so sein muss.

Perfektion ist etwas, das die Natur nur in geringen Dosen verteilt hat. Kürzlich wurde bei einem Wettbewerb ein goldfarbener Hengst zum schönsten Pferd der Welt gewählt. Er sieht aus, als hätte ihn irgendeine Gottheit zum persönlichen Vergnügen aus gleißendem Sonnenlicht gegossen. Er ist so perfekt, dass das Auge nichts findet, woran es sich festhalten kann. Ich sehe ihn an und beginne mich nach einer kurzen Phase der Bewunderung zu langweilen. Dabei erinnere ich mich an ein Pferd, das ich mal geritten habe. Es war mittelhoch, mit viel zu langen Beinen und einem Kopf, der aussah, als hätte man ihn einem Ackergaul geklaut und an seinen Hals geschraubt. Aber es hatte ein Feuer in den Augen und eine Lebenslust in den Flanken, dass es den goldenen Hengst um Längen an Schönheit übertraf.

Wir sollten uns darauf einigen, dass im Unperfekten eine fröhliche Schönheit liegt. Ein Mensch wird ja nicht besonders, indem er aussieht wie alle anderen, sondern indem er sich durch winzige Details von der Masse unterscheidet, damit er einzigartig wird. Wenn wir uns zum Beispiel den Sänger Ed Sheeran ansehen, können wir übereinstimmend sagen, dass sein Antlitz nicht gerade dem gängigen Schönheitsideal entspricht. Zunächst mal ist sein Haar rot, das finden viele Frauen mäßig attraktiv. Dazu hat er eine rosafarbene, manchmal sehr blässliche Haut, und ich bin sicher, dass er nach wenigen Minuten in der Sonne aussieht wie der typische britische Tourist: krebsrot und irgendwie dem Tod geweiht. Dazu hat er einen sehr runden Kopf mit tief sitzenden Augen und einer breiten Nase. Kurzum, vom Aussehen her ist Ed Sheeran eigentlich nicht die Art Mann, die sich Teenagermädchen als Poster an die Zimmerwand hängen. Nun hat er, von seinem musikalischen und kommerziellen Erfolg mal abgesehen, eine Fähigkeit, die schon Frauen im Mittelalter zu Fall gebracht hat: Er ist ein begnadeter Lyriker. Tatsächlich schreibt Ed Sheeran am laufenden Band das Herz anrührende Texte, die jeder Frau das Höschen rutschen lassen. Ich vermute mal, dass er als Teenager auch so seine Zweifel an sich gehabt haben wird – wer hat das nicht. Aber ich bezweifle, dass sein, im Vergleich zu Harry Styles weniger gefälliges Gesicht heute noch ein Problem ist. Zumindest wirkt er in Interviews nicht so, als würden ihm die Selbstzweifel täglich das Herz heraussaugen. Und selbst wenn, mein Punkt ist dieser: Du kannst dir nicht dein Leben von der Tatsache bestimmen lassen, dass du nicht so aussiehst, wie du es dir wünschst oder wie es die Gesellschaft dir vorschreibt.

Nicht schön gefunden zu werden ist für Menschen, die ihren Selbstwert fast ausschließlich an ihrem Körper festmachen, natürlich ein Gräuel. Seit ich so zugenommen habe, habe ich praktisch überhaupt keine Falten mehr, ungefähr so wie eine Rosine, die über Nacht im Wasser lag. Aber natürlich ist das ein momentaner Zustand. Ich werde Falten bekommen und überall graue Haare – ich meine, wirklich überall. Bin ich dann weniger wert? Weniger gut? Weniger schön? Nö. Ich bin dann eine ältere, jeden Tag verbesserte Version meiner Selbst, die die schönste 40-, 60- oder 80-Jährige ist, die ich sein kann.

Einmal fragte mich eine Moderatorin, wie ich es schaffen würde, so faltenfrei zu sein. Sie war sehr schlank, top gestylt und wahnsinnig stark geschminkt, diese Art Frau, die man erst hübsch findet und dann im Verlauf des Gespräches immer hässlicher, weil sie nur um sich selbst kreist. Da sie das Thema Faltenbildung wirklich ernst zu nehmen schien, hatte ich große

Lust, sie zu necken. Ich weiß nicht, welche Antwort sie erwartete. Vielleicht, dass ich ihr die Nummer eines sensationellen Schönheitsdoktors gab, der Fett aus dem Hintern seiner Kundinnen zapft und es ihnen dann ins Gesicht injiziert. Oder eine besondere Ernährungsform ohne Zucker, Fleisch und Getreide. »Weißt du«, sagte ich, »der Trick liegt im Unterhautfett. Wenn du dich langsam auf eine 42 oder 44 hochfutterst, hast du überhaupt keine Falten mehr!« Ich konnte sehen, wie ihre Pupillen weit wurden. Die Vorstellung, zunehmen zu müssen, *fett* zu werden, hatte bei ihr die gleiche Wirkung, als hätte ich ihr gerade anvertraut, einen Sprengstoffgürtel zu tragen und die ganze Bude in die Luft jagen zu wollen. Hätte ich sie verarschen dürfen? Wahrscheinlich nicht. Aber sie war eine der Frauen, die glauben, dass Falten oder ein zu kleiner Busen schuld daran sind, dass sie keinen Partner haben. Die fehlende Attraktivität der Moderatorin lag nicht an einem Mangel an Schönheit, sondern darin, dass sie sich selbst absolut beschissen fand.

Was das alles mit Selbstliebe zu tun hat

Schon klar, schon klar, du findest dich immer noch hässlich. Ich hab's kapiert. Habe ich dir schon die Pinguin-Geschichte erzählt? Das war in einer Phase, in der ich Jeansgröße 26 trug, also ein Witz von einem Höschen. Dummerweise war ich dennoch so davon überzeugt, einen grässlich fetten Hintern zu haben, dass ich nur mit hinter dem Rücken verschränkten

Armen durch die Stadt lief, um meine rückwärtige Ansicht zu kaschieren. Das wiederum führte zu einem total bescheuerten Gang, was wiederum dafür sorgte, dass ich »Pinguin« gerufen wurde – zu einer Zeit, als *Batmans Rückkehr* gerade in den Kinos lief (der »Pinguin« wurde darin von Danny DeVito gespielt). Also ein super schmeichelhafter Spitzname für jemanden, der gerade unbeholfen versucht, die ersten Jungs aufzureißen. »Pinguin« wirkte wie ein natürliches Verhütungsmittel, denn selbstverständlich wollte sich kaum einer mit mir einlassen. Das Jämmerlichste war natürlich, dass ich zu der Zeit den medienkonformsten Body aller Zeiten hatte. Nicht mal Heidi Klum hätte an mir etwas auszusetzen gehabt. Hilft aber nichts, wenn du es nicht weißt oder selbst glaubst. So verbrachte ich Jahre in sackartiger Kleidung, die von meinen dürren Schultern herunterhing, während ich durch die Stadt watschelte, ich, das ungevögelte Pinguin-Mädchen, das sich selbst für das grässlichste aller Federviecher hielt.

Wenn ich mir heute Fotos von damals ansehe, muss ich ehrlich sagen, dass ich mich auf alle Fälle gevögelt hätte. Ich sehe auf den Bildern süß und sexy aus, mit einem tollen Körper, den man durch die Kleider hindurch erahnen konnte, auch wenn man an der Frisur sicher etwas hätte machen können. Darauf kommt es natürlich nicht an. Hätte, könnte, wollte sind die blödesten Ratgeber, die man sich vorstellen kann. Ich war bei Weitem nicht die Versagerin, für die ich mich hielt. Ich war einfach ein Mensch, der einen Kampf gegen sich selbst führte.

Bei dem Körper, der uns durch das Leben begleitet, geht es nie darum, *ob* jemand ungesund dick oder dünn ist oder sich schlicht grauenvoll mit sich selber fühlt, sondern *warum*. Wenn du dich hässlich fühlst, dann leidest du nur an zweiter Stelle unter einem gestörten Körperbild. In erster Linie hast du ein Problem mit deiner Beziehung zu dir selbst. Irgendjemand hat dir eingeredet, dass du nicht richtig bist, so wie du bist. Die Chancen liegen ziemlich gut, dass du nicht der erste Mensch warst, der dir das Gefühl gegeben hat, falsch zu sein. Lust auf ein Beispiel? Meine Bekannte Mona ist fest davon überzeugt, hässlich zu sein. Wenn man ihr so zuhört, sieht sie ungefähr so aus, als hätte Tolkiens Gollum mit Freddy Krüger ein Kind gezeugt und es dann in die Länge gezogen. Sie ist also ein narbiges, hochgewachsenes Wesen mit einem Buckel und der unangenehmen Angewohnheit, Fische aus nahe gelegenen Teichen roh zu verspeisen. In der Realität sieht Mona eher aus wie eine Mixtur aus Piet Klocke und Cindy Crawford. Sie ist hochgewachsen und schlank, das ja, und obwohl sie etwas Linkisches in ihrer Statur hat, ist ihr Körper sportlich und ihr Gesicht von einer süßen Weichheit. Niemand käme auf die Idee, Mona nicht appetitlich zu finden. Außer ihre Eltern vielleicht. »Hör mal auf zu essen, wenn du noch größer wirst, findest du nie einen« gehörte ebenso zu ihrem Komplimente-Repertoire wie »Nee, wir nehmen dich nicht mit zu dem Fest. Wir wollen auch mal Spaß haben«. Davon abgesehen, dass Monas Eltern keine besonders empathischen Menschen sind, ist bei Mona der Eindruck entstanden, dass sie nicht nur als Person lästig ist, sondern auch nie einen Partner finden wird, weil sie so groß ist. Sie ist jetzt seit sechs Jahren Single und bügelt jeden ab, der mit ihr ausgehen will. Tragisch, oder?

Finde dich gut-Effekt:

Wenn deine Seele gesund ist, wird auch dein Körper gesunden. Das ist ein Fakt. Und der Rest? Du hast genau das Gesicht und den Körper bekommen, der für dich bestimmt ist. Vielleicht siehst du nicht aus wie ein Topmodel, aber das heißt nicht, dass du nicht schön bist. Das hast du jetzt hoffentlich verstanden. Sieh dich an, und sage dir selbst, welche Stellen du besonders schön findest. Wann immer Gedanken kommen wie »Aber mein Kinn ist wirklich hässlich«, schieb sie beiseite, und ersetze sie durch Hervorhebung einzelner Körpermerkmale wie »Ich habe wirklich schöne Augen/Haare etc., und meine größte Schönheit liegt in meiner Seele«. Täglich. Du wirst dich wundern, was andere alles an dir schön finden!

Du liebst dich nicht genug, wenn du alleine bist mit deinen Zweifeln und Ängsten

Du denkst also, dass es deinen Freundinnen und Freunden anders geht? Das glaube ich einfach nicht. Die meisten Menschen, die ich kenne, haben massive Selbstzweifel. Manchmal denke ich, dass das gesellschaftlich so gewollt ist. Eines bist du also ganz bestimmt nicht: allein damit.

In einer Gesellschaft, die von unseren Selbstzweifeln profitiert, ist sich selbst zu mögen ein rebellischer Akt. Ein beherztes »Ich mag mich« kann die Leute mehr verstören als »Ich bin voller Groll und zerlege jeden zweiten Sonntag ein paar Katzenbabys«. Ist das nicht merkwürdig? Wenn man die Leute fragt, was ihnen als Erstes zu ihrem Körper einfällt, sagen sie meistens absolut schreckliche Dinge über sich: Ihr Körper sei zu dick, zu mager, zu groß, zu plump, zu schwabbelig, zu weiblich oder zu unweiblich, zu bullig, zu alt, einfach widerlich. Von 20 befragten Frauen sagt nur eine, dass sie zufrieden ist, und das auch nur im Nebensatz. Und zufrieden sein bedeutet noch lange nicht, dass sie sich mag. Männer benutzen hingegen eher Adjektive, die ihre Männlichkeit umschreiben: muskulös, haarig, stark … Aber immer häufiger haben auch sie Zweifel, ob sie richtig sind.

Paula, da kann ich mitreden …

»Wann immer ich etwas esse, fühle ich mich hinterher schuldig. Selbst wenn es sehr gesund, sehr kalorienarm oder vollkommen ohne Kohlenhydrate ist. Ich denke dann so etwas wie ›Du fettes Weib, du hast wirklich überhaupt kein Durchhaltevermögen‹ oder so ähnlich, weil ich eigentlich nicht wirklich hungrig war. Früher habe ich mich jeden Tag gewogen, manchmal sogar zweimal am Tag. Jedes Gramm mehr habe ich dann benutzt,

um mich irgendwie runterzumachen. Ich habe wie verrückt
im Fitnessstudio trainiert, weil ich mich so geschämt
habe.«

Franziska, 33 Jahre alt, 59 Kilo, 1,70 Meter

»Als ich ein Kind war, hat mir nie jemand gesagt, dass ich süß war
oder hübsch. Sie sagten aber immer, dass meine Mutter schön war,
eine perfekte Frau, die einen tollen Stil hatte. Da ich sowieso nicht
so war wie sie, fing ich an zu rebellieren. Ihre Schönheit gegen meine
Hässlichkeit. Ich trug nur noch schlabbrige, formlose Klamotten
und fraß mich richtig fett. Je dicker ich wurde, desto sichtbarer
war mein Unglück. Erst als ich eine Therapie begann, konnte ich
mich einigermaßen davon distanzieren und verstehen, dass ich
keine Kopie von ihr sein musste, um ein toller, liebenswerter
Mensch zu sein. Wenn meine Mutter heute zu mir sagt, ich solle
doch mal ein Kleid anziehen, kann ich darüber lachen. Dann sage
ich ihr, dass ich mich schön finde, wie ich bin. Auch in Hosen.
Und meistens stimmt das sogar.«

Vivian, 41, 78 Kilo, 1,74 Meter

»Ich kann mit meinem Körper einfach nichts anfangen. Er ist nicht
so, wie ich ihn gerne hätte. Vor ein paar Jahren habe ich angefangen,
hart zu trainieren, aber ich kann mich immer noch nicht im Spiegel
angucken. Im Fitnessstudio stelle ich mich so, dass ich hinter einer
Säule oder einem Gerät stehe und mich nicht ansehen muss. Mich
vor einer Frau auszuziehen, kostet mich große Überwindung. Außerdem habe ich Dehnungsstreifen am Hintern, für die ich mich schäme.«

Dominik, 29, 82 Kilo, 1,93 Meter

»Ich verstehe nicht, warum die Leute so verrückt nach Selfies und überhaupt nach Fotos sind. Ich positioniere mich nie zum Vergnügen, sondern komme höchstens mal aus Versehen aufs Foto, wenn ich es nicht schnell genug schaffe, mich aus dem Fokus zu ducken. Andere Leute schauen in den Spiegel, um sich zu bestätigen, wie gut sie aussehen. Ich sehe hinein, um sicherzugehen, dass ich wirklich so furchtbar aussehe, wie ich mich fühle. Danach geht es mir auf perverse Art besser, weil ich in meinen Befürchtungen bestätigt wurde.«

Betty, 27, 56 Kilo, 1,69 Meter

»Meine Frau hat nie gesagt, dass ich ihr nicht gefalle oder sie mich wegen meiner 20 Kilo Übergewicht nicht mehr attraktiv findet. Aber bei mir hat dieses Schweigen viel kaputt gemacht. Ich ertappe mich dabei, dass ich mich nicht mehr vor ihr ausziehe oder dass ich glaube, ein schlechter Liebhaber zu sein.«

Josh, 34, 115 Kilo, 1,85 Meter

Puh. Schön zu lesen ist das nicht. Und völlig unnötig. Niemand hat das Recht, einen anderen Menschen zu bewerten, zu kritisieren oder runterzumachen aufgrund seiner Statur. Du dich selbst auch nicht. Aber noch etwas ist mir hier wichtig: Bevor du das nächste Mal wertende Sätze über andere sagst, und sei es »Die ist so fett, gleich platzt sie« oder ein spaßig gemeintes »Die hat echt überhaupt keinen Arsch«, denk daran, dass du die Geschichten dieser Menschen nicht kennst, so wie sie deine nicht kennen, und auch nicht ihre Ängste oder Nöte. Und sei milde im Urteil über andere. Leider neigen viele Menschen, an denen die mangelnde Selbstliebe schon das tragende Gerüst porös genagt hat, dazu, andere runterzuputzen, um sich selbst ein bisschen besser zu fühlen. Das ist aber gar nicht nötig. Du fühlst dich besser, wenn du anerkennst, dass dir etwas fehlt. Und du hast jedes Recht, dir diese Liebe wieder zu holen.

Finde dich gut-Effekt:

Jetzt, wo du weißt, dass du nicht alleine mit deinen Sorgen, Zweifeln und Ängsten bist, kannst du offen mit anderen darüber sprechen. Je ehrlicher du bist, desto größer ist das Feedback, das du bekommst. Und das Beste daran ist, dass sich so auch andere Menschen trauen, sich zu öffnen, Menschen, die geglaubt haben, sie wären allein. Dadurch ändert sich langfristig auch die Körperwahrnehmung innerhalb unserer Gesellschaft. Du bist keine Werbepuppe für irgendeine Industrie, du bist du und genau richtig so. Und das merken auch die anderen.

Du liebst dich nicht genug, wenn du meinst, du schaffst es nicht

Alleine hätte ich das auch nicht hinbekommen. Nachdem mir klar war, dass die Ursache für mein Unglücklichsein nicht in der Außenwelt lag, habe ich mir eine richtig gute Therapeutin gesucht. Mit ihrer Hilfe habe ich es geschafft, mich auch in meinen körperlich unwohlsten Phasen stark und gut zu fühlen. Ich war ein Mensch auf seinem Weg, und wenn dieser Weg dazu führt, dass ich erst einmal Speck anfressen muss, um innen heilen zu können, dann ist es eben so!

Selbstbeobachtung ist natürlich keine ganz angenehme Aufgabe. Es ist ein bisschen, als müsste man eine Garage entrümpeln, in die über mehrere Generationen hinweg eine Familie ihren Müll gestapelt und das Ganze mit ranzigem Frittenfett abgedichtet hat. Es stinkt, es ist unansehnlich, und ja, ab und an muss man kräftig heulen, weil man denkt, man schafft es nicht. Das Tolle daran ist aber, dass es Schrotthändler gibt, die sich brennend für Altmetall interessieren, und ich kann jedem nur raten, sich einen Profi zu nehmen, der einen beim Aufräumen unterstützt.

Ich möchte ein hübsches Bildnis mit dir teilen, das mir meine Therapeutin mit auf den Weg gegeben hat. Stell dir vor, du bist die Fahrerin eines großen Busses und lenkst ihn eine kurvige Straße hinunter, richtige Serpentinen mitten im Gebirge. Rechts fällt der Berg steil ins Tal ab, links ist eine hohe Gebirgswand. Hinten drin in deinem Bus sitzen ein paar wirklich grässliche Fahrgäste, Pöbler, Querulanten, Meckerer, die alles daran setzen, dich vom Fahren abzuhalten. Diese Fahrgäste sind deine Ängste, deine Selbstzweifel, dein Mangel an Selbstliebe. Sie sind nicht nur nervig, sondern auch total verrückt, und darum wollen sie lieber, dass du in den Abgrund fährst, als sicher am Endbahnhof anzukommen. Ständig trabt einer von ihnen nach vorne, um dir zu sagen, dass du eine miese Fahrerin bist, eine richtig schlechte Chauffeurin, dass der Bus stinkt und die Klimaanlage nicht funktioniert, weil du zu blöd bist, die richtigen Knöpfe zu drücken. Ab und zu versucht einer sogar, dir ins Lenkrad zu greifen, und manchmal schaffst du es nur mit Mühe, auf der Straße zu bleiben. Du hast jetzt schon eine große Verspätung, weil du dich ständig ablenken lässt. Wenn du aber stehen bleibst, um mit diesen Idioten zu diskutieren und zu verhandeln, dann kannst du nicht weiterfahren. Und du möchtest ja auch gerne ans Ziel kommen, nicht wahr? Vor allem aber willst du entspannt reisen können. Was du wegen der ganzen Pöbler ganz vergessen hast, ist, dass du ja die Fahrerin bist, du gibst den Ton an. Das ist dein Bus. An der Windschutzscheibe hängt ein Schild, auf dem steht: »Fahrerin während der Fahrt nicht ansprechen«. Stark vereinfacht gesagt, musst du also lediglich die idiotischen Fahrgäste unter Kontrolle bringen und auf ihre Plätze verweisen, wo sie sitzen bleiben müssen, bis ihnen der Arsch blutet.

Ob man die Nörgler und Pöbler hinten im Bus nicht einfach an die frische Luft setzen könnte, fragst du? Klar, wenn du in der Psychiatrie landen willst, dann schon. Denn leider sind sie Teil deiner Identität. Sie einfach an die Luft zu setzen, würde bedeuten, dass du einen Teil von dir rausschmeißt. Auf gesunde Weise kriegst du das nicht hin. Was du aber machen kannst, ist zu lernen, sie dauerhaft auf ihren Sitzen zu halten. Ein Anzeichen, dass einer von ihnen aufgestanden ist, wäre, wenn du plötzlich in zerstörerische Handlungen verfällst. Nehmen wir an, du willst morgens die Kinder in den Kindergarten und die Schule bringen. Und ausgerechnet heute, wo du es supereilig hast, scheint gar nichts zu funktionieren. Sogar das Kind, das sich sonst als einziges immer alleine anzieht, steht in der Gegend herum und starrt ins Leere. Also fängst du an herumzubrüllen und eine Menge Sachen zu keifen, die mit den Worten »Immer macht ihr ...« oder »Nie tut ihr ...« anfangen, bis alle gestresst und heulend auf die Straße hinauspoltern. Danach hast du erst mal das Gefühl, dir einen Donut reinstopfen zu müssen (oder irgendetwas anderes Ungesundes), um dich zu beruhigen.

Was ist passiert? Irgendeiner von den Idioten hinten in deinem Bus ist aufgestanden und nach vorne gekommen. Ich möchte wetten, dass auf seinem T-Shirt so etwas stand wie »Überforderung *rules*! Du Versager-Mutter!«. Anstatt ihm zu sagen, dass du diesen Bus jetzt ganz cool die Schleifen hinunterkutschierst und er sich gefälligst hinzusetzen hat, griff er dir ins Lenkrad, bis du um ein Haar von der Fahrbahn abgekommen wärst und einen Unfall gebaut hättest. Wäre er wieder nach hinten auf seinen Sitzplatz gegangen, hättest du den Kindern die Hilfe geben können, die sie brauchten (ein Küsschen, Schuhe binden), und überlegen, ob die Zeit wirklich so knapp war und eine mögliche Verspätung annähernd dramatisch gewesen wäre, wie du dachtest (vermutlich nicht). Stattdessen hast du zugelassen, dass dein Bus einen kurzen, nicht geplanten Schlenker in das Dorf »Ja, ich bin eine schlechte Mutter und mit allem überfordert« gemacht hat.

Überfordert zu sein ist nicht das Problem, sondern das Symptom. Ich habe mich ständig überfordert gefühlt, und das lag daran, dass ich meinen eigenen Ansprüchen – die total überzogen waren – nicht gerecht werden konnte. Wenn ich mir vornehme, den Keller aufzuräumen, und es nicht schaffe, weil etwas Dringenderes dazwischenkommt, dann kann ich entweder den ganzen Tag wütend auf mich sein, weil ich eine Pfeife bin, die es nicht mal schafft, den Keller aufzuräumen. Oder ich kann mir sagen, dass ich etwas Wichtigeres erledigen musste und der Keller warten kann. Immerhin liegt er außer Sichtweite und die Wahrscheinlichkeit, dass er morgen immer noch genauso aussieht, ist nämlich ziemlich groß!

Genau das Gleiche trifft auch auf den Körper zu. Nachdem ich so viel zugenommen hatte, habe ich absurd viel Zeit damit verbracht, mich zu schämen und mich bei anderen dafür zu entschuldigen, wie ich aussehe. Wie lächerlich! Anstatt anzuerkennen, dass ich ein Mensch war, dessen Schmerz gerade aufbrach und weggearbeitet werden musste, kränkte ich mich zusätzlich selber, weil sich meine Überforderung zeigte und mich eigentlich erst darauf aufmerksam machte, dass es so nicht weitergehen konnte. In Wahrheit hätte ich mir viel früher mit Liebe begegnen müssen und mir sagen, dass ich ein Mensch bin, den seine Verletzungen an den Rand dessen getrieben haben, was erträglich war. Und der jetzt etwas ändern musste. Tja, und dann fing ich an, meinem Speck dankbar zu sein dafür, dass er mich darauf hingewiesen hatte, dass in meinem System etwas ganz Entscheidendes fehlte: nämlich Selbstliebe.

Paula, da kann ich mitreden ...

»Neulich hat mich mein Sohn gefragt, ob ich nicht mal bei Biggest Loser mitmachen möchte. Er meinte das ganz liebevoll, weil er mitbekommen hat, dass ich Probleme mit meinem Äußeren habe. Er ist acht.«

Johanna, 36 Jahre alt, 69 Kilo, 1,63 Meter

»Kistenpulli – das Wort ist für mich erfunden worden. Ich bin praktisch nie ohne Pulli um die Hüften aus dem Haus, aber das hat natürlich nichts besser gemacht, sondern meine Unsicherheit nur betont. Dass ich merkwürdig aussah, glaubte ich irgendwann wirklich. Es wurde so schlimm, dass ich mir Ausreden einfallen ließ, um nicht auf die Hochzeit meiner Cousine zu müssen oder auf Partys. Niemand hat das verstanden. Wenn ich mir heute Fotos von damals angucke, sehe ich auch nicht, warum. Ich war vollkommen normal gebaut.«

Melanie, 40, 68 Kilo, 1,75 Meter

»Bei Familienfesten und wenn Freunde dabei sind, esse ich wie ein Spatz. Dann sagen alle, dass sie gar nicht verstehen, warum ich so dick bin, ich würde ja gar nichts essen. Und ich kann nicken und sagen, dass ich das auch nicht verstehe. Gefressen wird zu Hause, wenn die Einsamkeit kommt. Peinlich. Ich bin mir selber peinlich.«

Rosa, 27, 82 Kilo, 1,67 Meter

»Nachdem man mir das Herz gebrochen hat, fing ich an zu essen. Immer, wenn es mir schlecht ging, naschte ich gegen die Traurigkeit an, bis ich irgendwann richtig moppelig war. Abnehmen schaffe ich derzeit nicht, ich habe alles versucht. Soll ich mich deshalb hassen? Ich gucke in den Spiegel und sage mir, dass ich nicht optimal aussehe und mich nicht super fühle, aber trotzdem liebenswert bin. Ich bestehe ja aus mehr als nur Speck.«

Jenny, 34, 78 Kilo, 1,69 Meter

»Klar will ich gefallen, aber nicht um jeden Preis. Ich bin nicht unverwundbar und erst recht nicht unverwundet. Ich will nicht so tun als ob. Ja, ich habe Makel, aber ich bin auch verdammt toll. Hat mich allerdings Jahre gekostet, das zu verstehen.«

Josie, 38, 71 Kilo, 1,72 Meter

Finde dich gut-Effekt:

Endlich kennst du dein Transportmittel. Es ist ein Bus, und vielleicht hat er ein paar Blechschäden, aber er fährt und legt sogar große Höhenunterschiede zurück. Sobald du aber merkst, dass einer von den nölenden Fahrgästen in deinem Rücken steht und dir ins Lenkrad greifen will, sagst du ihm mit fester Stimme, dass dies dein Bus ist und er sich augenblicklich wieder hinsetzen soll. Du hast die Kontrolle auf der Reise, und du wirst sie behalten. Das ist unglaublich sexy.

Zu groß, zu klein: Auf die persönliche Einstellung kommt es an

Wenn ich mich selbst entworfen hätte, dann wäre ich heute vielleicht etwas größer, so fünf oder sechs Zentimeter, und außerdem wäre mein Haar lockig wie in der Werbung für die Haarspülung, in der die Frau am Ende die Schere zerbricht. Ansonsten finde ich mich wirklich gut gelungen – also inzwischen. Ich bewege mich so ziemlich im Normbereich. Das geht nicht allen so. Ich kenne Frauen, die sehr klein sind und häufig »Standgebläse« oder mit einem ähnlich doofen Namen benannt werden. Und dann kenne ich Frauen, die riesig groß sind. Für Männer ist es eine Katastrophe klein zu sein, für Frauen wird es schwer, wenn sie hoch hinaufgeschossen sind. Eine gute Freundin ist einen Meter neunzig groß und hat einen Mann, der 20 Zentimeter kürzer ist. Sogar ihre Mutter hat gesagt, dass jeder Kuss aussieht »wie bei einer Giraffe, deren Futtertrog zu tief hängt«. Es hat ewig gedauert, bis sie sich getraut hat, Schuhe mit Absätzen anzuziehen oder mit ihm Hand in Hand zu gehen, da die Leute im Dorf dann gerufen haben: »Guck mal, da kommt Mutti mit ihrem Sohn.« Menschen können solche Arschlöcher sein.

Vor einiger Zeit schrieb mir eine sehr coole und schöne Frau namens Rahel Folgendes:

»Ich war schon immer groß. Die Größte im Kindergarten, die Größte in der Schule, immer einen Kopf größer als der größte Junge, bis ich irgendwann endlich aufhörte zu wachsen. Bei

einem Meter achzig. Das ist für eine Frau recht groß, aber nun ja auch noch nicht extrem. Aber ich habe mich immer für meine Größe geschämt. Habe mich immer kleiner gemacht durch mühselige Tricks, wie neben dem Bürgersteig auf der Straße zu laufen, um kleiner als die Leute neben mir zu wirken. Habe mich auf Fotos nach hinten gestellt. Lauter völlig bescheuerte Dinge. Irgendwann hörte ich auf, übermäßig zu essen und übertrieben Sport zu machen, weil ich wenigstens in der Breite nicht auftragen wollte. Ich magerte ab, war, denke ich, kurz davor, wirklich magersüchtig zu werden. Und fand mich immer noch groß und bullig. Ich habe es gehasst, immer aus der Menge herauszuragen. Immer aufzufallen. Dann lernte ich irgendwann meinen jetzigen Mann kennen. Und der war ein paar Zentimeter kleiner als ich. Ich habe ewig gebraucht, um damit klarzukommen. Fühlte mich immer wie das Riesenweibchen neben einem armen kleinen Kerl. Und er – war stolz darauf! Auf jeden einzelnen Zentimeter, den ich größer war. Er akzeptierte es nicht, er liebte es!

Freundinnen beteuerten mir, sie könnten nicht mit einem kleineren Mann zusammen sein. Doch meine wirklichen Freunde sagten: »Scheiß doch drauf, was ist das Problem?!« Ich glaube im Nachhinein, das Problem ist, dass wir Frauen Angst davor haben, groß zu sein. Aufzufallen. Herauszustechen. Stark zu sein. Woher das kommt? Keine Ahnung. Aber egal, mit welcher Frau ich darüber rede: 90 Prozent wollen beschützt werden von ihrem Mann. Warum denn? Können wir doch selber! Säbelzahntiger gibt's ja auch schon lange nicht mehr. Und mit dem Rest kommen wir doch selbst klar!

Was sich bei mir verändert hat? Ich weiß es nicht. Nachdem ich jahrelang extrem auf meine Figur geachtet habe, hat sich irgendwann ein Schalter umgelegt. Ganz plötzlich, und ohne dass ich es wirklich gemerkt habe.

Heute trage ich mit Vergnügen 15 Zentimeter Absätze und freue mich, wie stolz mein toller Mann auf seine große Frau ist. Ich habe zehn Kilo zugenommen, und auch wenn ich noch gelegentlich damit hadere, fühle ich mich wohl. Und das Überraschendste überhaupt ist, dass Männer bei einer Frau total auf die Kombination Größe und Weiblichkeit abfahren! Ich kann wirklich sagen, dass die Nachfrage mit zehn Kilo mehr um das Zehnfache steigt. Allerdings glaube ich, dass das null und nix mit dem Gewicht zu tun hat. Sondern mit der persönlichen Einstellung, dem Selbstbewusstsein, der Selbstliebe und der damit verbundenen Ausstrahlung. Denn Schönheit kommt wirklich von innen. Nicht weil man Mutter Teresa ist, sondern weil ein gesundes Selbstbewusstsein und die Liebe zu sich einen Mensch strahlen lassen.«

Und da hat sie verdammt recht.

Du liebst dich nicht genug, wenn du glaubst, Männer stehen nur auf 90-60-90

Natürlich gibt es Männer, die eine Frau nur nach ihrem Äußeren bewerten. Stell dir mal vor, du lernst einen Mann kennen, der wirklich toll aussieht und sogar wohlhabend ist und dir

ein Leben in Saus und Braus bieten kann. Dass du einen Doktor-
titel in Angewandter Physik und zwei Masterabschlüsse in
BWL und Biochemie hast, interessiert ihn eigentlich nicht besonders, im Wesentlichen findet er dich scharf. Ihr geht auf
die buntesten Empfänge und Premieren, wo du stolz herrliche
Kleider von internationalen Stardesignern trägst. Und dann
steht dein Kerl inmitten einer Männergruppe, und du hörst ihn
sagen: »Also meine Freundin, ihr kennt sie ja, hat BH-Größe
75 D und einen totalen Knackarsch. Nur vorne am Bauch, da
schwabbelt's ganz schön. Ich glaube, ich schenke ihr mal eine
Fettabsaugung, das ist ja nicht auszuhalten.« Männliches Ge-
lächter in der Runde, höhöhö. Du sagst, solche Typen gibt es
nicht? Tja, ist leider einer Bekannten kürzlich präzise so passiert.

Mal ehrlich, würde eine Frau, die etwas auf sich hält, sich
mit so einem Idioten einlassen und sich von ihm auf Arsch,
Titten und Taille reduzieren lassen? Natürlich nicht. Nun gehört besagte Bekannte leider zu den Frauen, die sich ständig
unter Wert verkaufen und bei Männern auf Attribute achten,
die ihren eigenen Status erhöhen könnten. Ihre Rechnung
lautet: Mann x Geld + Status = liebenswerte Frau. In Wirklich-
keit reduziert sie sich damit selber zum reinen Objekt und
wird von Beziehung zu Beziehung unglücklicher, weil sie eine
Rechnung aufgemacht hat, bei der sie am Ende leer ausgeht.

Natürliche Schönheit ist nicht nur die Summe der Äußerlichkeiten. Du kannst dich in einen Menschen verlieben, weil er
oder sie gefällig aussieht, aber du kannst auf dieser Basis keine

Liebe entwickeln. Zumal Schönheit auch vergänglich ist. Was, wenn derjenige einen Brandunfall hat oder sonst wie entstellt wird – liebst du ihn dann immer noch genauso? Oder wenn dir das geschieht – wirst du dann noch geliebt werden?

Was Männer in Wahrheit an Frauen am allerattraktivsten finden, ist nicht nur deren Schönheit (obwohl Attraktivität zweifelsohne eine Rolle spielt), sondern das Gefühl, dass eine Frau mit sich selbst zufrieden ist. Die schönste Frau der Welt pflegt ihr Äußeres und macht »das Beste« aus sich, und zwar für ihr eigenes Wohlempfinden. Außerdem ist sie im Innersten von dem Wissen erfüllt, dass sie die Kraft hat, sich selbst ein glückliches Leben zu bereiten. Dafür braucht sie niemand anderen.

MERKE:

Für einen Mann ist es absolut unattraktiv, wenn eine Frau ihm das Gefühl vermittelt, von ihm abhängig zu sein.

Sag dir diesen Satz hundertmal am Tag vor, wenn es sein muss. Ich habe wertvolle Zeit verschwendet mit dem Glauben, dass ich ohne den richtigen Partner nichts wert wäre. Einmal bin ich sogar vier Monate lang einem Typen hinterhergerannt, den ich selbst unattraktiv, unsympathisch und langweilig fand. Und alles nur, weil ich glaubte, dass seine gespielte Coolness irgendwas mit dem echten Leben zu tun hätte. Zum Glück war ich damals sehr jung und habe daraus gelernt. Ihm nachzulaufen fühlte sich ungefähr so an, als wäre ich eine Maus, die vor einer dieser Klebefallen sitzt. Irgendwie weißt du, dass du mit der Pfote auf keinen Fall auf diese glänzende Fläche fassen sollst, aber es zieht so lustige Fäden! Und schon sitzt du drauf und wunderst dich, dass der Lebenssaft langsam aus dir weicht.

Männer wissen instinktiv, wer in einer Gruppe von Frauen am leichtesten aufzureißen ist. Das kann die schönste der Runde sein oder die mit den größten Möpsen, vielleicht auch die mittelmäßigste, egal, aber auf jeden Fall ist es die, die am meisten an sich selbst zweifelt und am ehesten danach dürstet, ein bisschen Anerkennung abzubekommen. Diese Art Frau wird von Männern sexuell benutzt und durchgebumst (wenn auch hoffentlich vernünftig), aber die Chance ist groß, dass sie sich danach nicht weiter für sie interessieren werden.

Gibt eine Frau allerdings einem Mann das Gefühl, dass sie nicht im Geringsten von einem Kerl abhängig ist, weil sie nämlich ihren Wert nicht danach bemisst, wie viele Männer ihr die Gunst erweisen, kann diese Frau jeden Typen haben, den sie möchte. Und dann ist es ziemlich egal, ob sie aussieht wie die junge Sophia Loren oder eher wie Emma Thompson. Wobei ich sagen muss, dass ich persönlich Emma Thompson bevorzugen würde – mehr Intellekt und weniger Drama, stelle ich mir vor.

Männer sind nicht halb so oberflächlich, wie Frauen sich immer einreden. Indem du deinen Glaubenssatz »Ich muss wie XY aussehen, um anziehend zu wirken« loslässt, erlaubst du den anderen, dich gut finden zu dürfen, so wie du bist.

Du liebst dich nicht genug, wenn dein Körper unter einer Schwangerschaft leidet

Ich habe eine Schulfreundin, die aus einem einzigen Grund keine Kinder haben will: Weil sie Angst hat, dass die Schwangerschaft ihren Körper versauen würde. Der Gedanke ist mir nie gekommen, weil ich, wie übrigens auch die meisten vernünftigen Männer, schwangere Frauen sehr schön und sexy finde. Trotzdem jammern unheimlich viele Frauen herum, dass sie Dehnungsstreifen bekommen, ausgeleierte Brüste oder gar eine Kaiserschnittnarbe. Eine Bekannte von mir weigert sich, im Sommer schwimmen zu gehen, weil sie sich für die Narbe über ihrer Bikinihose schämt. Das ist doch verrückt! Kinder zu empfangen und zu gebären ist ein verdammtes Wunder. Natürlich hinterlassen diese Wunder Veränderungen am Körper, aber warum sollte man sie nicht mit Liebe betrachten? Stell dir vor, du würdest aussprechen, was du denkst: »Siehst du diesen zugewachsenen Riss da am Bauch? Der kommt daher, dass mein Kind sehr groß war und meine

Haut einfach nicht mit der Dehnung hinterherkam. Wäre es jedoch nicht so stark und gesund gewesen, sondern kränklich und schwach, gäbe es diesen Riss nicht. Pfui, wie hässlich diese Narbe doch ist!« Klingt wirklich saublöd, oder? Eben.

Ich habe massenweise Dehnungsstreifen am Bauch von meinen beiden Schwangerschaften. Am Anfang habe ich mich dafür geschämt, wie so viele, aber dann wurde mir klar, dass a) sie davon auch nicht weggehen und b) das einer Selbstverstümmelung gleichkommt. Tatsächlich sagte ich meinem neuen Freund, als er mich das erste Mal nackt sah: »Erschrick nicht, ich habe Dehnungsstreifen am Bauch.« Rückblickend finde ich das unfassbar, und es zeigt nur, in welch schlechtem seelischen Zustand ich damals war. Das ist so, als würde man sich für Lachfalten entschuldigen. Es sind meine Narben, sie sind Teil meines Lebens, und ich habe sie für die zwei fantastischsten Kinder der Welt bekommen.

Viele meiner Freundinnen hatten ernsthafte Probleme damit, wie sich ihr Körper während der Schwangerschaft veränderte. Logischerweise hatten die Frauen, die sich eh schon nicht besonders gut fanden, die größeren Schwierigkeiten. Ich meine, dass ein Kind im Mutterleib spürt, ob man sich bedingungslos freut oder ob man hadert und sagt: »Um Himmels willen, jetzt habe ich schon wieder eine BH-Größe zugelegt, das ist ja wirklich widerlich.« Im Idealfall ist ja auch dieses Kind aus Liebe entstanden, und es gibt keinen Grund, ihm von vornherein das Gefühl zu geben, es wäre schuld an einer Veränderung am Körper.

Eine Bekannte hat vor längerer Zeit einen Mann kennengelernt, der wirklich toll war. Sie hatten eine Menge Spaß und tollen Sex, und aus ihrer Sicht bahnte sich langsam eine feste Beziehung an. Nach ungefähr drei Monaten sagte er plötzlich: »Du, nur dass du dich nicht wunderst. Ich fahre morgen in Urlaub, und dann melde ich mich erst mal nicht.« Sie versuchte, nicht kontrollierend zu wirken, sondern ganz locker, obwohl ihre Überraschung natürlich groß war. »Ach, das ist ja schön«, sagte sie. »Wohin fährst du denn?« »Ich würde ja gerne mal woanders hin«, antwortete er, »aber meine Frau will immer nach Sardinien.« Moment mal. *Seine* Frau? Meiner Bekannten fiel die Kinnlade herunter ob der Tatsache, dass er verheiratet war und diesen doch für eine Beziehung recht wichtigen Fakt einfach unterschlagen hatte. »Äh … was?«, brachte sie noch hervor, und dann gar nichts mehr, denn er sagte folgenden unfassbaren Satz: »Ja, die hat vor zwei Monaten ein Kind bekommen und ist noch nicht wieder richtig in Schuss.« Der feine Herr hatte also eine andere Frau gebraucht, weil ihm der Körper seiner Frau zuwider war.

Zum Glück war meine Bekannte wach genug, um den Typen sofort zum Teufel zu schicken. Aber ich kenne auch Frauen, die trotz des anfänglichen Schocks bei ihm geblieben wären. »Der Arme«, hätten sie gesagt, »ich kann ihn ja irgendwie verstehen. Das ist ja auch nicht sexy, wenn das alles so ausgebeult ist, und dann ist der Bauch schlapp und die Brüste voller Milch.«

Nein. NEIN! Wer eine Frau bewusst schwängert, steht zu ihr. Egal, was kommt. Niemand hat das Recht, den Körper einer Frau, die gerade sein Kind austrägt, zu diffamieren, herunterzuputzen oder sonst wie abzuwerten. Und keine Frau sollte Männern dabei beispringen, egal, wie beschissen und minderwertig sie sich mit sich selber fühlt. Das ist die Natur, leb damit, verdammt noch mal! Und sie hinterlässt Spuren, ja. Aber eine Schwangerschaft sollte etwas Schönes sein, und wer schwangeren Frauen das Gefühl gibt, sie seien hässlich, ist ein seelenloses Miststück. Ich erinnere mich bis heute an den Namen des Typen und hoffe inständig, dass wir uns einmal in einer dunklen Gasse begegnen, ganz ohne Zeugen. Wie gut, dass ich so lange geboxt habe.

Finde dich gut-Effekt:
Ich habe mich nie so schön gefühlt wie in den Monaten, als ich schwanger war. Es ist für mich immer wieder ein Wunder, Leben wachsen zu sehen, und das sollte es für dich auch sein. Wie kann etwas, das so viel Freude macht, schlecht sein?

Gedanken zu Botox & Co.

Mit dem Älterwerden ist es so: Wenn du jung und megaheiß bist, hast du keine Ahnung von Sex und Liebe und kannst mit deinem Körper nicht so richtig was anfangen. Wenn du dann einigermaßen Ahnung von Sex, Liebe und dem Leben hast, wirst du plötzlich alt. Die Haare bekommen graue Strähnen, auf der Haut zeichnen sich Fältchen ab, und so weiter. Das ist nicht schön, aber es ist auch nicht ganz so schrecklich, wie einen die Werbung immer glauben machen will. Objektiv betrachtet, bin ich heute nicht mehr so knackig wie früher, aber trotzdem viel schöner, weil diese lähmende Unsicherheit verschwunden ist.

Grundsätzlich verstehe ich aber das Bedürfnis, die Zeit anzuhalten. Allein, es wird nicht gelingen. Darum versuchen einige, ihren Faltenwurf mit der Injektion eines fiesen Nervengiftes aufzuhalten: Botox. Nicht nur, dass ich es bedenklich finde, sich ein hochgiftiges Mittel ins Gesicht zu injizieren, es sorgt darüber hinaus auch noch dafür, dass alle gleich aussehen. Neulich war ich auf einer Veranstaltung, auf der fast alle Frauen aufgespritzte Lippen und eine glatt gebügelte Stirn hatten, alle sahen sich wahnsinnig ähnlich, nämlich wie alternde Transvestiten. Der echte Transvestit auf der Bühne war tatsächlich der Einzige, der einigermaßen frisch aussah, und er geht stramm auf die 50 zu. Für mich ist Botox ein sicheres Zeichen dafür, dass sich jemand nicht annehmen kann mit all den Facetten des Menschseins. Ich meine, wen willst du täuschen? Irgendwann wirst du nun mal alt, das wird auch Botox nicht verhindern. Statt in Würde das Alter entgegenzunehmen, das du eben hast, siehst du dann aus wie jemand, der völlig würdelos versucht, so zu tun, als wäre er jünger. Und auch wenn viele Chirurgen behaupten, man sähe nicht, ob jemand Botox benutzt, so tut man es meistens doch. Bei »Botoxikern« bilden sich nämlich beim Lachen beidseitig an der Nasenwurzel merkwürdige Falten, weil sich sonst nichts bewegt und die Spannung ja irgendwo hinmuss. Das heißt, falls sie überhaupt noch lachen können.

Du liebst dich nicht genug, wenn du alleine nichts wert bist

Eine fehlende Partnerschaft darf niemals der Grund für dein Unglück sein. Natürlich ist es schön, jemanden zu haben, mit dem man das Leben teilen kann. Aber einem anderen Menschen die Verantwortung aufzubürden, einen glücklich zu machen, ist wirklich zu viel verlangt. Stell dir vor, jemand kommt zu dir und sagt: »Los, mach mich glücklich! Ohne dich bin ich nichts und, ehrlich gesagt, auch nicht besonders interessant. Ich habe keine bestimmten Hobbys, denn ab jetzt werde ich immer genau das machen, was du tust. Und meine Freunde, ach, so wichtig sind die nicht! Ich will alles, wirklich alles mit dir teilen! Wenn du bei der Arbeit bist, bin ich so traurig und allein. Und findest du andere Menschen außer mir interessant, dann zerreißt es mir fast mein kleines Herz! Siehst du denn nicht, wie sehr ich dich brauche?« Jede Frau würde so einen Typen in Windeseile zum Teufel schicken, wetten?

Erschütterndeweise ist das aber genau das, was ganz viele Frauen machen. Sie streifen mit Beginn einer Partnerschaft all ihre Selbstständigkeit ab und saugen sich wie kleine, verdurstende Wanzen an dem Mann fest, während der schon nach kurzer Zeit verzweifelt versuchen wird, den Parasiten, der ihm ohne jede Selbstachtung an der Kehle hängt, abzuschütteln.

Meine Freundin Clari zum Beispiel ist eine wundervolle Frau. In einer Heiratsannonce würde ich über sie schreiben: »Warmherzige, kluge und empathische Frau mit Witz, Charme und

Intellekt sucht …« Und genau da liegt das Problem: »… sucht Mann mit enormem Ego, der sich nicht die Bohne für die Frau an seiner Seite interessiert und im Grunde nur eine braucht, in die er kostenlos ein paarmal absamen kann.« Clari ist der klassische Fall einer tollen Frau, die nichts von sich hält und dazu neigt, sich in Partnerschaften so lange kleinzumachen, bis der andere von ihrer Minderwertigkeit überzeugt ist und denkt: »Bloß weg hier, sonst färbt diese Mittelmäßigkeit noch auf mich ab.« In Hamburg laufen sehr viele Männer herum, die unter Claris pflegender Hand eine Menge schöner Orgasmen und Aufputschrunden für ihr Ego bekommen haben.

Claris Lebensmotto heißt: »Er ist sowieso nicht gut genug für mich«, was dazu führt, dass sie vor lauter Hoffnungslosigkeit dauernd Ausschau hält und in praktisch jedem Menschen mit Penis Mr. Right sieht. Sogar dann, wenn der Herr sich ausschließlich für Modelleisenbahnen und die perfekte Kruste einer *Crème brûlée* interessiert. Clari kann sich in wenigen Stunden in komplette Märklin- oder sonst welche Kataloge einlesen, einfach, um sich ein bisschen passend und interessant zu machen. »Dieser Mann ist es, das merke ich«, sagt sie dann jedes Mal, »der ist ganz anders als die anderen.« Tatsächlich kann ich mir die Namen kaum noch merken, denn die nicht erkennbaren Unterschiede werden vor allem durch ein gemeinsames Kennzeichen überstrahlt: Keiner von ihnen interessiert sich besonders für sie.

Bei Clari hat die ständige Ablehnung von außen dazu geführt, dass sie immer dünner wird. »Die Männer mögen das so«, sagt sie. Ich denke, dass ihr körperliches Verschwinden Ausdruck der geringen Wertschätzung ist, die sie sich selbst entgegenbringt, dass sie unbedingt mal einen Kurs in Sachen »Auch allein bin ich fein« machen muss. Ein Mann darf niemals die einzige Quelle des Glücks sein. Ebenso wenig wie eine Frau das für jemand anderen sein darf.

Merke:
Du bist für dein Glück verantwortlich. Und du kannst dir dein Leben formen. Niemand sonst.

Ich habe unzählige Menschen getroffen, die überzeugt davon waren, nur glücklich sein zu können, wenn jemand bei ihnen war, der den Job 24/7 machen wollte. Wäre die Liebe ein Vergnügungspark, wäre dein Partner dein persönlicher Animateur, der nicht nur massenweise Stofftiere, und was du sonst noch gewinnst, mit nach Hause schleppen muss, sondern auch noch dafür zuständig ist, Essen und Trinken sowie sämtliche Toilettengänge zu organisieren. Da bleibt für Anziehung, Spaß und Begeisterung nicht mehr viel Zeit übrig, selbst wenn es sich um den geschicktesten, besten Animateur der Welt handelt.

Dass du nicht allein sein möchtest, ist schon klar. Der Mensch ist und bleibt ein Herdentier. Ich schlafe auch besser, wenn ich von meinem Rudel umgeben bin. Das Problem ist nur, dass kein Rudel sich in deiner Nähe wohlfühlen wird, wenn du ständig mit gespitzten Ohren daliegst und darauf wartest, in Stücke gerissen zu werden. Wichtig ist, dass du lernst, mit dir selbst klarzukommen und dir so weit zu vertrauen, dass du auch alleine überleben wirst. Du machst dein Leben und gibst ihm die Form, die für dich passend und angenehm ist. Du sollst dich nicht anderen unterwerfen, damit sie dein Leben für dich formen. Denn dann lebst du nicht dein Leben, sondern eines, in dem ausschließlich ein anderer für dich entschieden hat.

Merke:
Du musst lernen, dich selber auszuhalten. Das bedeutet, mit sich allein zu sein und es auch noch gut zu finden.

Allein sein heißt nicht, dass man sich der totalen Vereinsamung hingeben muss. Hoffentlich gibt es in deinem Umfeld genügend Freundinnen oder Freunde, mit denen du dich treffen und schöne Dinge erleben kannst. Es ist sehr wichtig, eine Handvoll liebevoller Menschen zu haben, auf die man sich verlassen kann. Hingegen ist es falsch, zu glauben, ohne Partner nicht vollständig zu sein. Zu viel Jerry Maguire geguckt, wie? »Du vervollständigst mich« ist vielleicht hinreißend romantisch, aber kein besonders souveräner Satz. Und auch wenn die griechische Mythologie davon ausgeht, dass der Mensch als Paarwesen geschaffen wurde und diese beiden vollkommenen Hälften durch ein kosmisches Unglück auseinandergerissen wurden und seither auf der Erde umherirren, um einander wiederzufinden, wäre es doch schade, wenn die eine Hälfte ein gammeliges Teil wäre, während die andere in vollem Saft glänzt. Deutlich cooler wäre zu sagen: »Baby, ich bin zwar schon vollständig, aber ich weiß, dass ein Burger nur mit Soße perfekt ist.« Sobald eine Frau weiß, dass sie ohne Partner glücklich sein kann, und zwar richtig glücklich und nicht nur im »Ich halte das aus«-Modus, hat sie die nächste Stufe der »Finde dich gut, sonst findet dich keiner«-Leiter erreicht. Nur Mut, wir sind noch lange nicht oben!

Finde dich gut-Effekt:

Was Menschen an anderen Menschen am allerattraktivsten finden, ist Unabhängigkeit. Du hast jetzt verstanden, dass du keinen Partner brauchst, um richtig zu sein, stimmt's? Sehr gut. Denn sobald du das verinnerlicht hast, fühlen sich potenzielle Partner auch nicht mehr so, als würden sie von deinen Ängsten erstickt werden.

Du liebst dich nicht genug, wenn du alle Männer über einen Kamm scherst

Zu glauben, dass Männer nichts voneinander unterscheidet, ist ein ganz gefährliches Terrain. Nichts ist erschreckender und bitterer als Frauen, die sich zu »Männer sind Schweine«-Gruppen zusammenschließen. Es mag dir leicht vorkommen, alle in eine Kiste zu packen. Denn ja, in manchen Bereichen sind Männer wirklich unsensibel und neigen zu partieller Blindheit, was das für Frauen *total Offensichtliche* angeht. Es ist zum Beispiel total offensichtlich, dass eine Frau gekränkt ist, wenn sie auf seine Frage, was denn sei, mit »nichts« antwortet. Männer schätzen Klarheit in der Kommunikation, und Schmollen ist nicht nur kindisch, sondern auch würdelos. Wenn er sich wie ein Idiot benimmt, solltest du es ihm sagen, und auch, warum du dieser Meinung bist.

Grundsätzlich bin ich der Meinung, dass die meisten Männer sich genauso benehmen, wie die Frau es zulässt. Wenn ich klare Grenzen der Selbstachtung aufziehe und sage, welches Verhalten für mich stimmig ist und welches eben nicht, dann hat der Partner die Chance, sich dementsprechend zu verhalten. Entscheidet er sich dagegen und benimmt sich so, dass es für dich nicht in Ordnung ist, muss er gehen. Auch das ist übrigens ein Akt der Selbstliebe.

Ich weiß natürlich, dass das schwer ist. Sehr häufig kommen ja in Beziehungen die grässlichsten Ängste aus ihren Löchern hervorgekrochen. Meine Bekannte Elsa ist zum Beispiel seit sechs Jahren Single. In regelmäßigen Abständen lernt sie

Männer kennen, die objektiv betrachtet ganz gut zu ihr passen würden. Nach ein paar Monaten oder maximal einem Dreivierteljahr beschließt Elsa dann aber jedes Mal, dass der Typ nicht zu ihr passt. »Wisst ihr, er ist einfach nicht das, was ich mir unter einem Traummann so vorstelle. Außerdem hat er viel zu wenig Ambitionen/sein Filmgeschmack ist peinlich/er hört Phil Collins/er ist zu unsportlich.« Die Zahl ihrer Entschuldigungen ist endlos, und immer schließt sie mit den Worten: »Es gibt einfach keine guten Männer.« Das ist natürlich eine fabelhafte Ausrede, um sich nicht mit einem anderen Menschen auseinandersetzen zu müssen. Wenn es sowieso »keine richtigen Männer« gibt, ist es kein Wunder, dass Elsa immer enttäuscht ist. Es ist nicht ihre Schuld. Auffällig ist, dass die Halbwertszeit eines Mannes an Elsas Seite rapide sinkt, sollte er den Fehler machen, bei ihr ein bisschen tiefer zu buddeln und echtes Interesse an ihrer Person zu zeigen. Wenn Elsa sehr betrunken ist, gibt sie sogar zu, dass sie Angst hat, ihre Selbstzweifel könnten entdeckt werden, und beim Sex die Augen schließt, damit niemand irgendetwas darin sehen kann, was sie so sorgsam unter Verschluss hält. Im Grunde zeigt Elsa das scheinbar typisch männliche Verhalten, das so viele Frauen heutzutage bemängeln. Sie hat lieber kurzfristige Affären, in denen sie die große Show aufrechterhalten kann, als tiefe Beziehungen, in denen sie die Hosen runterlassen muss.

Elsas Problem ist natürlich ein anderes. Ein prägendes Erlebnis ihrer Jugend war der Tag, an dem sie ihren ersten Freund mit nach Hause brachte. Wie so mancher aus eigener Erfahrung weiß, ist die Einführung eines geliebten Menschen ins Elternhaus auch als Erwachsener noch ein heikler Akt. Für Jugendliche aber ist es häufig nichts mehr als grauenvoller Stress. Ängstlich wird jede Geste der Eltern verfolgt, jede Frage mit der Hoffnung, dass die Alten jetzt hoffentlich bloß nichts Peinliches wissen wollen. Ich weiß nicht, ob es nur mir so geht, aber ich fand es immer schrecklich. Elsa jedenfalls brachte ihren Freund mit nach Hause und war wahnsinnig aufgeregt. Beide waren zu diesem Zeitpunkt 16, ein Alter, in dem sich Körperteile noch verschieben wie Sanddünen in der Wüste – heute hier, morgen dort. Der Freund befand sich gerade in einer dieser schlimmen Morphing-Phasen: Die Nase wirkte zu groß, die Haut zu grob gekörnt, die Augen irgendwie schief und das Haar zu stark gestylt. Elsa hatte das Gefühl, dass es eigentlich ganz gut lief (er war ein wirklich netter Kerl), bis der Vater dann nach dem Essen sagte: »Da hast du ja einen abgefangen! Wenn das mit euch nicht klappt, stell ich mir den als Vogelscheuche in den Garten.« Dieser Satz machte mit Elsa Folgendes: Sie fand ihren Freund nicht mehr besonders hübsch und stellte auf einmal fest, dass er tatsächlich wie eine Vogelscheuche aussah. Und ihr fiel auf, wie sehr die Jungs, die ihre Schwester mit nach Hause brachte, gelobt wurden. Sagte der Vater dann: »Du hast ja einen richtigen Prachtburschen!«, hieß das für Elsa, dass sie niemals einen solchen abbekäme, weil ja nur Schreckgespenster sie attraktiv fanden. Die jugendlichen Vogelscheuchen wurden später zu Männern, die nicht gut genug sind, und Elsa muss nie wieder einen Mann mit nach Hause bringen. Es gibt ja keine richtigen mehr.

Dass Elsas Eltern offenbar so ihre Probleme mit Empathie und Güte hatten, ist klar. Wir wissen nicht, woher das kommt (ich kenne ihre Geschichte nicht), aber es ist traurig zu sehen, dass Elsa der Lieblosigkeit und dieser ihr vor Jahren widerfahrenen Ungerechtigkeit immer noch die Macht über ihr Leben gibt. Elsas Lebensmotto »Es gibt keine guten Männer mehr« bedeutet, dass sie für immer alleine bleiben muss, und verhindert gleichzeitig, dass sie sich liebevoll mit sich selbst beschäftigt, schließlich muss sie immer wieder nach der Bestätigung suchen, dass ihr Motto wirklich wahr ist.

Übung: Finde dein Lebensmotto!

»Wenn ich nur zehn Kilo abnehmen würde« oder »Wäre meine Nase weniger gebogen und mein Po runder« ist kein gutes Lebensmotto. Der Konjunktiv, gebildet aus hätte, könnte und sollte, ist in Bezug auf das Leben immer erbärmlich. Jahrelang lautete mein Standardsatz: »Wenn ich dieses und jenes erledigt habe, wird alles gut.« Dieses Motto war das Hamsterrad meines Lebens, eines, das keine Bremse hatte. Denn wie viel kann man im Leben erledigen, besser machen, optimieren? Sich zu sagen, dass die Zukunft nach Erreichen eines bestimmten Ergebnisses endlich rosig aussehen würde, ist ungefähr so, als würde man sich lockiges Haar glatt kämmen wollen: Der Job nimmt einfach kein Ende. Glaubenssätze können echte Verhinderer sein, und darum ist es gut, sich klarzumachen, welchen Glaubenssätzen du folgst.

Nimm einen Stift zur Hand und notiere ein paar Dinge, von denen du glaubst, dass sie Glaubenssätze sein können. Schreibe alles auf von »Ich bin sehr pünktlich« bis »Ich bin eine disziplinlose, dicke Person, genau wie meine Eltern und Großeltern, das ist eben so« oder »Ich bin einfach faul«. Bündle die Glaubenssätze nach Themenbereichen wie Beziehung, Freundschaft, Körper oder Beruf, was dir eben am wichtigsten erscheint. Dann kürze sie in den jeweiligen Bereichen zusammen, bis du nur noch einen oder zwei für dich wahre Sätze übrig hast. Du kannst die Sätze auch mischen, denn häufig greifen die Bereiche ineinander. Wenn du ganz ehrlich warst, kann es sein, dass du nun ein wenig erschrocken bist. Ein Credo, das direkt aus dem Herzen kommt, muss nicht gerade Ausdruck sein für ein liebevolles Verhältnis mit sich selbst und eine lebensfrohe Grundstimmung:

»Wenn ich es schaffe, befördert zu werden, gewinne ich an Attraktivität.«

»Ich werde ständig betrogen, weil ich zu groß bin. Männer fühlen sich durch mein Auftreten eingeschüchtert.«

»Wenn ich einen kleineren Hintern hätte und weniger Cellulitis, hätte ich auch einen Freund.«

»Ich finde sowieso nie einen Partner.«

»Meine Nase sieht schlimm aus, mein ganzes Gesicht ist zu plump. Keine Frau fühlt sich zu mir hingezogen, ich werde immer einsam sein.«

»Männer finden mich langweilig, weil ich einen kleinen Busen habe und keine interessanten Hobbys.«

»Frauen mögen keine Männer mit meiner Statur. Ich sehe aus wie ein Hobbit. Na gut, ich bin nicht ganz so klein. Und meine Beine sind weniger haarig.«

»Männer sind alle Idioten. Sie achten nur auf das Äußere. Ich bin einfach nicht der Typ Frau, den Männer mögen, dazu ist mir mein Job zu wichtig. Ach, scheiß auf die inneren Werte, ich hätte gerne festere Haare und einen Arsch und Brüste.«

Manche vergleichen sich eben auch mit anderen. Sich mit seinen Mitmenschen zu messen ist ein anderer, todsicherer Weg in die Unzufriedenheit. Es ist unsinnig, einen Dackel mit einem Dobermann zu vergleichen. Beide haben Vorzüge, aber sie werden niemals gleich sein. Müssen sie auch nicht. Nicht jeder will einen Dobermann zu Hause haben, richtig?

»Ich brauche eine Eigentumswohnung, sonst habe ich weniger erreicht als meine Schwester.«

»Meine Freundinnen sind alle viel attraktiver als ich. Manchmal hoffe ich, dass in ihrer Gegenwart etwas von ihrem Glanz auf mich abfällt.«

»Meine Eltern wollten lieber noch einen zweiten Sohn. Ich zähle nichts als Frau und Tochter, mein Bruder ist der Star in unserer Familie.«

»Ich habe nur wohlhabende Freunde und bin der Einzige, der nichts auf die Reihe kriegt. Vielleicht ist es mein Job, der Trottel zu sein.«

»Ich bin nicht sehr zufrieden im Beruf. Andere steigen schneller auf, vielleicht bin ich zu wenig belastbar. Ständig habe ich Tinnitus.«

Negative Glaubenssätze führen immer zu negativen Verhaltensweisen. Der Trick ist, die negativen Glaubenssätze zu positiven umzudrehen. Wenn eine Frau sich zum Beispiel so unter Druck setzt, indem sie sagt: »Ich brauche eine Eigentumswohnung, sonst habe ich weniger erreicht als meine Schwester«, dann kann sie Folgendes daraus schlussfolgern:

♡ Vermutlich haben die Eltern ihre Zuneigung ungerecht verteilt und ihr das Gefühl gegeben, dass die Schwester mehr wert ist.

♡ Es fehlen ihr Liebe und Bestätigung.

♡ Sie lebt vermutlich ein Leben, das auf ein falsches Ziel (»Ich muss so sein wie meine Schwester oder noch besser«) ausgerichtet ist und nichts mit ihr zu tun hat.

Die Fragen, die man sich stellen muss, sind allerdings bei jedem Problem ähnlich. Welche Angst liegt meinen Glaubenssätzen zugrunde? Woher kommt diese Angst? Was ist mein echtes Bedürfnis? Was brauche ich, um glücklich zu sein?

Die gleiche Übung kannst du auch machen, indem du dich selbst beschreibst. Begegnest du dir eher mit freundlichen Worten, oder beleidigst du dich lieber (ist einfacher, ich weiß!). Schreib ruhig alles auf, was du an dir schön, wundervoll, herrlich, blöd, schändlich oder peinlich findest, und nimm auch die kleinen Beispiele mit wie »Habe letzthin bei meinem Date unter die Decke gefurzt, weil ich Brot gegessen habe, obwohl ich unter einer Glutenunverträglichkeit leide«. Einfach

alles, worüber du lachen, weinen oder wenigstens schmun-
zeln kannst, ganz egal, in welcher Reihenfolge. Was dabei her-
auskommen kann, siehst du hier. Der Übersichtlichkeit halber habe ich die Selbstbeschreibungen gekürzt:

»*Meine Füße sind zu platt. Ich huste, wenn ich nervös bin, das fand
mein Exfreund schrecklich. Ich verstumme, sobald zu viele Leute
im Raum sind. Mein Hintern ist flach. Ich habe noch nie einen
Heiratsantrag bekommen, vielleicht bin ich keine Frau, die jemand
heiraten will. Meine Nase ist zu klein im Verhältnis zu meinem
Kopf. Ich habe bei einem Date geniest, als ich den Mund voller
Reis hatte. Mein Kinn ist irgendwie fliehend. Ich verstehe Witze
erst viel zu spät. Ich kriege jetzt schon die gleichen Falten wie
meine Mutter. Ich bin zu streng, mit mir und auch mit anderen.*«

Valerie, 34

»*Ich habe einen krummen Rücken und keine Spannung im Körper.
Ich bin dicklich. Ich esse zu schnell. Ich komme immer zu spät.
Meine Beine sind nicht mehr so schön wie früher. Ich muss von
Cola und anderen Getränken schrecklich laut rülpsen. Meine
Hände sind riesig. Am Bauch habe ich Dehnungsstreifen. Das
blöde Anker-Tattoo hätte ich mir niemals stechen lassen dürfen.
Ich bin zu blass. Ich würde gern mehr in die Natur, leide aber unter
krassem Heuschnupfen. Ich könnte den ganzen Tag knutschen,
finde aber niemanden, der das auch will. Ich müsste mal wieder
zum Frisör, verpasse aber ständig den Termin.*«

Saskia, 44

Hier haben wir zwei Frauen, die ein wirklich grässliches Bild von sich selber haben. Valerie ist also eine plattfüßige, humorlose und flachärschige Frau, die ständig hustet und dabei Essen im Raum herumspuckt. Und Saskia ist eine bucklige Untrainierte, die das Format eines Türstehers hat und auch so rülpst, während sie mit laufender Nase darauf wartet, dass einer sie küssen will. Zum Glück kenne ich beide und weiß, dass sie sehr angenehme, liebenswerte und attraktive Frauen sind! Ich habe das Experiment gemacht, sie die Selbstbeschreibung noch einmal aufschreiben zu lassen und dabei nur das Positive hervorzuheben. Nun sieht das Bild schon ganz anders und viel realistischer aus:

Valerie: »*Ich habe sehr schöne Hände und Zehen. Dafür, dass ich Witze erst spät verstehe, habe ich trotzdem einen kernigen Humor. Und hey, ich komme aus dem Norden, da sind wir alle ein bisschen langsamer! Ich bin eine sehr gute Freundin, loyal und zuverlässig. Ich koche gern für Freunde. Überhaupt liebe ich es, Geschenke zu machen. Ich habe einen Körper wie Lara Croft, vielleicht mit Ausnahme des Hinterns. Und meine kleine Nase ist eigentlich ganz süß. Außerdem bin ich klug und vielseitig interessiert, mehr als die meisten anderen, die ich kenne.*«

Saskia: »*Meine langen Beine gefallen mir immer noch, ich müsste nur mal wieder mehr Sport machen. Ich lache gern und stecke damit andere Leute an. Ich liebe Sex, überhaupt Körperkontakt, und bin richtig glücklich dabei, andere Haut zu spüren. Mein Haar hat eine besondere Krause und muss gar nicht so oft geschnitten*

werden. Ich kann viele Frisuren damit machen. Ich bin gerne
mit anderen Menschen zusammen und unheimlich hilfsbereit.
Ich liebe es, mich um meine Freunde zu kümmern.«

Wie du täglich liebevoller mit dir umgehen kannst

Achtsamkeit heißt das Zauberwort. Die meisten Leute haben sehr gute und intakte Instinkte, sie haben nur verlernt, nicht auf sie zu hören. Wirklich, es ist total verblüffend, wie sehr sie darauf bedacht sind, auf keinen Fall auf ihr Bauchgefühl zu hören. Wenn der Karren dann im Dreck hängt, fällt ihnen auf, dass ihnen eigentlich von vornherein klar war, dass es nichts wird mit diesem Job oder der Beziehung. Im Grunde bedeutet Achtsamkeit nicht mehr, als dass man wieder lernt, ganz genau auf sein Bauchgefühl zu hören und dementsprechend zu handeln. Das geht auch als verletzter Mensch, sobald man verstanden hat, dass negative Verhaltensmuster nur die Folge früherer Verletzungen sind. Ganz uncool wird es, wenn man in giftigen Beziehungen feststeckt und dort über Jahre dem eigenen Impuls zuwiderhandelt. Ich kann jedem wirklich nur raten, sich lieber früher als später Hilfe zu holen. Auch wenn gute Therapie teuer sein kann, weil nicht alle Krankenkassen bereit sind zu zahlen, solltest du das Geld als Investition in dich und deine Liebe zu dir sehen.

Du brauchst keine »Die Welt ist mies«-Bestätigungsgruppen. Wenn du dich schlecht fühlen willst, guck einfach die Nachrichten. Was du brauchst, ist das Gefühl, dass dir das Leben wirklich was zu bieten hat. Geh raus und sei neugierig auf die Menschen! Ja, es gibt Idioten, aber das ist doch deren Problem, nicht deins! Du lässt nur die freundlichsten, warmherzigsten und ehrlichsten Menschen an dich heran. Alles andere ist ab jetzt vollkommen unter deinem Niveau.

Du liebst dich nicht genug, wenn du irgendein Essen als gut genug erachtest

Was und wie du isst, hat sehr viel damit zu tun, wie gut du deinen Körper behandelst. Denke an das Bus-Gleichnis von vorhin. Im täglichen Leben heißt Achtsamkeit zu üben, dass du erspüren kannst, wann einer der Miesepeter von hinten aufsteht und versucht, dir die Fahrt madig zu machen. Das können ganz unterschiedliche Situationen sein, harmlose oder auch dramatische. Du wartest auf den versprochenen Anruf einer Freundin. Anstatt anzunehmen, dass ihr vermutlich etwas dazwischengekommen ist, steigt in dir die leise Panik auf, ihr nicht wichtig, nicht liebenswert genug zu sein. Überhaupt solltest du dieser Freundin so schnell wie möglich die Freundschaft kündigen, weil sie dich ja offensichtlich sowieso nicht mehr mag. Oder du entscheidest dich anders und bereitest spontan einen Kaiserschmarrn für deine Freunde zu.

Du hast ewig mit dem Aufschlagen des Eiweißes zugebracht, und jetzt, obwohl alle hungrig am Tisch sitzen, brennt dir der Mist an! Anstatt anzuerkennen, dass du heute einen stressigen Tag in der Arbeit hattest, trotzdem alle verköstigen wolltest (Kaiserschmarrn ist die Leibspeise deiner Freunde!) und einfach unaufmerksam warst, weil du erschöpft bist, pfefferst du die Pfanne in die Ecke und schimpfst auf diese Scheißsüßspeise, die du garantiert nie, nie wieder zubereiten wirst, so ein Drecksgericht! Was ich sagen will: Sei nicht so hart zu dir selbst. Es ist okay zu scheitern, und wenn du es richtig machst, dann kannst du am Ende sogar darüber lachen. Ich habe mal wegen eines misslungenen Kaiserschmarrns angefangen zu weinen, und zwar nicht nur so ein paar Tränchen, sondern richtig geflennt, weil die ganze Welt gegen mich war, und überhaupt hat mich niemand lieb! Heute kann ich darüber lachen, aber in dem Moment hat sich der verbrannte Kaiserschmarrn wie ein lebensbedrohliches Unglück angefühlt. An diesem Tag hätte ich mich nie im Leben an den Herd stellen dürfen. Stattdessen hätte ich sagen müssen: »Sorry, Leute, Kaiserschmarrn gibt's erst morgen, ich kann heute nicht mehr. Entweder ihr kocht jetzt, oder wir lassen uns was liefern.« Insofern hat ein Teig mir beigebracht, dass auch Nein sagen praktizierte Selbstliebe ist.

Die Marmeladen-Katharsis

Früher konnte ich nicht kochen. Sobald ich auch nur einen Topf anfasste und irgendwie befüllte, schmeckte das Gericht darin automatisch wie schlecht gewordenes Schullandheim-Essen. Kennst du noch diese bräunlichen Soßen mit den Bröckchen drin, die man immer zu den pappigen Nudeln auf den Teller gelöffelt bekam? Genau so. Ich war so fest davon überzeugt, nicht kochen zu können, dass ich von vornherein aus meinen übel schmeckenden Gerichten einen Witz machte und meinen Gästen freistellte, sich stattdessen etwas zu bestellen. Um ehrlich zu sein, gab ich mir auch keine Mühe. Warum? Weil ich nicht fand, dass ich gut gekochtes Essen verdient hatte oder anders herum gesagt: Ich konnte mir selbst kein gutes Mahl gönnen, das ich selbst für mich zubereitet hatte. Das klingt jetzt vielleicht komisch, aber die Fähigkeit, sich mit dem bestmöglichen Essen zu versorgen, sich selbst liebevoll zu bekochen, ist eine Übung, die ich früher nicht hinbekommen habe. Für mich wurde als Kind auch nicht gekocht, stattdessen bekam ich jeden Tag einen Fünfer in die Hand gedrückt, von dem ich mir wahlweise eine Tiefkühlpizza, eine Dose Hühnernudelsuppe (aber nur eine bestimmte Sorte) oder Tiefkühlbaguettes kaufte und als Nachtisch ein Eis. Das Mittagessen nahm ich meist alleine ein, und ich will nicht behaupten, dass das ein besonders schönes Gefühl war. Mit Essen verband ich nichts Positives, das Gefühl, es sowieso nicht wert zu sein, ein leckeres gekochtes Essen vorgesetzt zu bekommen, war tief in mir verankert, weil es nie jemand für mich machte. Erstaunlich, wie man solche Dinge ins Erwachsenenleben hinüberschleppt. Ich bin ein einigermaßen reflektierter Mensch, doch auf die Idee, dass sich zu bekochen etwas mit der Fähigkeit zu tun haben könnte, sich selbst schätzen zu können, wäre ich nie im Leben gekommen.

Eines Tages lernte ich einen Ungarn kennen, der auch als Psychiater arbeitete. Er ist der klügste, gewitzteste Mensch, den ich kenne, auch wenn es mir manchmal so vorkommt, dass er wie Forrest Gump ist – als wäre er bei jedem wichtigen gesellschaftlichen Ereignis der letzten Jahrzehnte dabei gewesen. Als junger Mann hat er für Jean-Paul Sartre in dessen Salon Querflöte gespielt, später dann den Physiker Richard Feynman in New York behandelt. Er weiß unglaubliche Lebensgeschichten zu erzählen, am liebsten aber mag ich es, wenn er etwas von seiner Familie zum Besten gibt. Der alte Herr stammt aus der feinen ungarischen Gesellschaft, die Umgang mit den hohen Herrenhäusern hatte. Sein Großvater war ein Mensch, der das Leben in vollen Zügen zu genießen wusste, und dazu gehörte auch, nur die bestmöglichen Produkte auf dem Tisch zu haben. Unzufrieden mit dem Angebot an Marmeladen begann er eines Tages, mit Fruchtaufstrichen zu experimentieren. Er beabsichtigte, den reinen Obstgeschmack konzentriert so wiederzugeben, als würde man in den Sommer selbst hineinbeißen. Die pure Erdbeere. Die reinste Kirsche. Eimer um Eimer kochte er feinste Früchte ein, bis er genau die cremige Substanz erreicht hatte, die ihm vorschwebte. Der Clou daran war, er tat nicht ein Löffelchen Zucker oder Geliermittel hinein. Trotzdem war die Marmelade lange haltbar, weil der Fruchtzucker zur Konservierung ausreichte, und das Pektin der Früchte, um sie zu gelieren. Die Marmelade war so köstlich, dass sogar das österreichische Herrscherhaus nur noch diese Marmelade verzehrte. So behauptet es zumindest die Legende.

Die Sache war die: Der ungarische Psychiater war sich sicher, dass mein Mangel an Selbstliebe der Grund dafür war, dass ich nicht gut kochte. Er sagte Sätze wie »Wenn Sie sich die Zeit nehmen, für sich selbst das bestmögliche Essen zuzubereiten, dann leben Sie die Beziehung zu sich selbst« oder »Einfach so irgendetwas herunterschlingen kann jeder. Aber aus den Zutaten das Herrlichste herauszukitzeln, das ist die Kunst, die in der Küche von Bedeutung ist.« Meistens hieß es aber nur: »Rühren, rühren, rühren«. Die Marmelade war nämlich sehr schwer herzustellen. Es reichte nicht, einen Korb Obst in den Topf zu werfen und das Feuer hochzudrehen. Erst sollte ich auf den Markt gehen, und zwar kurz vor Schluss. »Da sind die Händler verzweifelt und wollen alles loswerden. Feilschen Sie, als ginge es um Ihr Leben!« Das sagte er ausgerechnet zu mir, die normalerweise auf dem Markt jede Summe zahlt, ganz nach dem Motto: »Ach, für diesen Bleistift wollen Sie fünf Euro? Natürlich, wenn Sie es sagen, dann wird er sicher so viel wert sein!« Ich handelte also wie eine Fischhändlerin Preise für Erdbeeren, Himbeeren und Heidelbeeren herunter, bis mir nichts mehr peinlich war. Zu Hause angekommen, durfte ich das Obst auf keinen Fall waschen, damit das Pektin nicht verloren geht, sehr wohl aber Stroh, Erde,

Grünzeug und Getier abkratzen. Das mit zehn Kilo Erdbeeren zu machen ist allein schon eine Übung in Sachen Geduld und ein Gefühl von Ichschmeißdenscheißgleichandiewand. Anschließend begann ich mit dem Köcheln.

»Im Köcheln liegt die Kunst«, sagte er mir immer wieder. »Hauptsächlich im Köcheln.« Ich glaube, er mochte den Klang des Wortes einfach sehr. Jedenfalls war die Temperatur dann genau richtig, wenn zwischen den Früchten ein leises Blubbern erklang, aber, ermahnte er mich, »keinesfalls ein schmatzender Rülpser, eher ein zartes Flüstern«. Mit subtilen Zwischentönen tue ich mir unheimlich schwer. Die erste Ladung verbrannte, die zweite wurde nicht richtig warm und dann zu heiß, am Tag darauf erhielt ich ein trauriges Geklumpe, das nach Rumtopf stank. Ich stellte mich wieder an den Herd und – rührte. Nicht ab und zu, nein. Permanent. Acht Stunden lang. Das war der Haupttrick. Acht Stunden lang rühren. »Sie müssen rühren, damit alle Früchte die gleiche Temperatur und die gleiche Behandlung bekommen. Und denken Sie immer daran – Sie tun es für sich.« Sagen wir so: Ich produzierte eine Menge übel schmeckender Fruchtaufstriche. Aber dann, nach einer wirklich langen Zeit des Rührens, brachte ich einen Topf fantastischer Marmelade zustande – cremig, wohlduftend, süß und sensationell gut. Oder, um es mit den Worten des ungarischen Psychiaters zu sagen: »Ganz okay.«

Acht Stunden lang Marmelade zu kochen klingt vielleicht idiotisch, vor allem, wenn man so viele Fehlversuche hinlegt wie ich. Aber was ich damals kapierte, war, dass sich die Tatsache, sich etwas Gutes, etwas außergewöhnlich Gutes, zu

gönnen, das man selbst zubereitet hat, sich wirklich gut anfühlte. Und zwar nicht ganz okay, sondern spitzenmäßig außergewöhnlich obersuper.

Das größte Wunder ist, dass ich seit dem Marmeladen-Er-
lebnis kochen kann. Und zwar richtig gut, weil ich inzwischen
vollkommenes Vertrauen in meine Kochkünste habe. Mein
alter Glaubenssatz »Ich kann nicht kochen« liegt röchelnd
in der Ecke und wälzt sich in den Fertiggerichten, von denen
ich früher geglaubt habe, sie wären das Beste, das ich verdient
habe.

Finde dich gut-Effekt:

Mit Freunden zu kochen und zu essen ist eine wirklich see-
lenbeglückende Tätigkeit. Aber selbst wenn niemand mit dir
zu Abend isst, solltest du dir die Zeit nehmen, dir ein gutes
Essen zuzubereiten und dir auch den Tisch schön decken. Es
wird dir so viel besser schmecken, und du fühlst dich wohler
dabei. Zünde eine Kerze an und leg angenehme Musik auf,
dann hast du ein echt romantisches Date mit dir selbst.

Du liebst dich nicht genug,
wenn du dich mit Diäten in die Knie zwingst

Ich verstehe schon. Du bist immer noch unzufrieden mit deinem Körper. Aber sei doch mal ein bisschen lieb zu dir. Es ist
okay. Kann ja sein, dass du dir ein Speckpolster angefuttert

hast oder die ganze Zeit hungerst, um irgendeinem Bild zu entsprechen, aber sieh es doch mal so: Immerhin bist du ein Mensch, der Lust hat, sich weiterzuentwickeln, deshalb liest du schließlich dieses Buch! Und es dauert eben zu verstehen, dass die richtige Ernährung ein sehr wichtiger Bestandteil des »Finde dich gut, sonst findet dich keiner«-Prozesses ist. Selbstliebe kann man eben auch essen! Ich habe sehr viel Müll gefuttert, bis ich kapiert habe, dass gut zu essen nicht bedeutet, ein Völlegefühl zu haben, sondern eines, das sich auch noch gut anfühlt. Was ich damit meine, ist ganz einfach: Iss in einem Schnellrestaurant, und schreib auf, wie du dich danach fühlst. Und dann isst du was leckeres Selbstgekochtes zum Vergleich. Na gut, falls du nicht kochen kannst, dann geh eben in ein Restaurant, aber in eines, in dem wirklich ge- kocht wird! Schreib auch danach auf, wie du dich fühlst und wie es dir damit geht. Nach einer Weile wirst du dein Gefühl geschärft haben, welches Essen dir guttut und welches Ekel provoziert. Bei Menschen, die zu viel essen, gehört dieser Ekel häufig zur Selbstbestrafung. Wenn ich früher aus Stress oder einer Traurigkeit heraus zu viel gegessen habe, dann habe ich mir danach so etwas Entsetzliches gesagt wie: »Du hast wirklich gar keine Selbstdisziplin, irgendwann wirst du ein- fach platzen!« oder »Schau dich nur im Spiegel an, dein eh so mickriges Kinn verschwindet bald in der Rolle darunter. Du hast es verdient, dich schlecht zu fühlen!« Meiner Unfähig- keit, mich kontrolliert zu ernähren, setzte ich eine Mauer aus Diäten entgegen (siehe im nächsten Kapitel dazu mehr), die, oh Wunder, überhaupt nichts änderten. Ich nahm ab, um dann umso mehr wieder zuzunehmen. Warum? Weil ich die Seele nicht mit Liebe und Verständnis zu heilen versuchte, sondern mit Gewalt und Zwang. Wenn die Seele nicht mitgenommen wird, hilft das Hungern auch nicht. Zumal auch nicht jede Frau eine Statur wie Gisele Bündchen hat. Manche Frauen sind kurviger als andere, und das hat nichts damit zu tun, dass sie haltlos Essen in sich hineinstopfen (ich muss mich hier ausnehmen, ich habe tatsächlich haltlos gestopft). Vor ein paar Wochen habe ich gehört, dass eine bestimmte deutsche Schauspielerin (ehrlich gesagt, hat es mir ihr Frisör verraten), die früher für ihre Üppigkeit bekannt war, ihr Gewicht nur mit einer an Selbstgeißelung grenzenden Disziplin hält, weil sie eigentlich kein ganz schlanker Typ ist. Je mehr sie abnimmt, desto kleiner wirkt ihr Kopf, und es steht zu befürchten, dass sie eines Tages aussehen wird wie Beetlejuice, nachdem ihm jemand im Wartezimmer Schrumpfkopfpulver auf den Schädel gestreut hat. Was ich damit sagen will, ist, dass niemand schlank sein muss, um schön zu sein. Das Wichtigste ist, dass du dich mit dir wohlfühlst. Und wenn du das Gefühl hast, abnehmen zu müssen, dann mach es bitte nicht mit irgendeiner Diät, sondern mit einer langfristigen Ernährungsumstellung und dem Wissen, dass du es nur für dich tust. In ihrem sehr interessanten TED-Talk *Warum Diäten meistens nicht funktionieren* erklärt die Wissenschaftlerin Sandra Aamodt, warum Schlankheitskuren für gewöhnlich scheitern. Erstens hat das Hirn eine ziemlich präzise Vorstellung davon, wie der Körper aussehen soll. Nicht fett, nicht übergewichtig, aber je nach Typ eben durchaus mit einem runden Hintern oder großen Brüsten. Zweitens gibt es einen sehr bedeutsamen Unterschied zwischen kontrolliertem und achtsamem Essverhalten. Kontrollierte Esser sagen sich: »Ich darf höchstens so und so viel essen, dann muss es genug sein.« Diese Art von Selbstkontrolle führt zwangläufig zu einem großen inneren Druck, denn Ziele wie »Heute nur eine halbe Scheibe Brot, der Rest ist Gemüse« scheitern gern mal. Und dann fühlt man sich hinterher wieder wie der größte Versager. Achtsames Essverhalten hingegen bedeutet, dass man ein genaues Gespür dafür hat, was der Körper braucht, und dementsprechend wird das Essen ausgewählt.

Dinge, die ich jetzt richtig mache:

♡ Ich habe aufgehört, Kalorien zu zählen oder mir Gedanken darüber zu machen, ob das schlimm ist, was ich da gerade esse. Stattdessen habe ich überlegt, was das Bestmögliche wäre, das ich mir selbst kochen könnte.

♡ Ich trinke viel mehr Wasser. Dabei habe ich festgestellt, dass ich häufig Hunger und Durst verwechselt habe. Kann ja mal passieren.

♡ Ich setze mich morgens zum Frühstück hin und verzichte nicht mehr darauf, aus Sorge, zu viel zu mir zu nehmen. Stattdessen esse ich eine richtige Mahlzeit, vorzugsweise etwas mit Eiern. Wenn du vegan lebst, geht aber auch ein Porridge mit Kokosmilch und Früchten.

♡ Ich bewege mich mehr als früher, gehe viel zu Fuß und sehe mich in der Gegend um. So bekomme ich auch mehr Sauerstoff.

♡ Ich habe jede noch so blöde Speckrolle liebevoll akzeptiert und mir zugestanden, dass sie eine Funktion hatte – allerdings komme ich jetzt ohne Schutzwall aus.

♡ Ich habe mich nicht aufgegeben, auch wenn ich manchmal Lust gehabt hätte, alles in die Tonne zu treten und stattdessen massenweise Eis zu essen. Ich war auch nicht sauer, wenn ich dann doch mal zu viel Eis gegessen habe. Solange es mir damit gut geht, ist alles okay.

♡ Ich koche jeden Abend und esse so, dass ich danach gut schlafen kann. Also keine schweren Speisen mehr, und vor allem stopfe ich mich nicht mehr bis zur Halskante voll. Und doch habe ich von allem genug.

♡ Ich habe so gut wie alle industriell gefertigten Nahrungsmittel aussortiert. Zucker ist der Teufel, das wusste schon meine Oma. Aber Monsanto und die großen Lebensmittelkonzerne eben noch viel mehr. Ich will nichts essen müssen, dass vollgepumpt ist mit Chemie und genverändertem Material.

♡ Ich habe verstanden, dass Proteine eine super Sache sind. Sie machen satt, sind nahrhaft und helfen dem Körper beim Verbrennen. Ich fühle mich nach einem kohlehydratreichen Essen meistens müde und schlapp, das ist mir nur früher nie aufgefallen.

♡ Ich trinke nicht mehr so viel Alkohol. Gin in allen Ehren, aber ich fühle mich deutlich fitter, seit ich mich nicht mehr so oft in der Woche damit tränke. Ich liebe Gin und guten Wein, aber einmal in der Woche reicht auch. Ich schlafe seitdem viel besser und bin produktiver.

♡ Ich habe alle Klamotten gespendet, die mir nicht mehr passten. So muss ich nicht die ganze Zeit befürchten oder hoffen, das eine oder andere Kleidungsstück doch noch mal zu verwenden. Das war eine ziemliche Energie-verschwendung.

♡ Ich habe verstanden, dass ich alles, was ich tue, tun sollte, weil ich es möchte, und nicht, weil ich glaube, dass es jemand von mir erwartet.

Das war natürlich nicht immer so.

Crazy Diäten

Sollte die Diätindustrie irgendwann mal pleite gehen, kann ich nur sagen: An mir lag es nicht. Ich für meinen Teil habe in meinem Leben mehr für das Überleben der Diätbranche getan als irgendjemand sonst in meinem Bekanntenkreis, ach was, in ganz Deutschland! Es war bekloppt, ja, aber heute kann ich darüber lachen.

Angefangen hatte der Diätwahnsinn bei mir mit der Hoff-nung auf einen superschnellen Schlankheitseffekt. Es gab Gerüchte über einen Wunderheiler in Berlin-Wilmersdorf, der einen mit den einfachen Mitteln der Akupunktur auf den rechten Pfad der guten Ernährung zurückbringen würde. Der Mann kam jedes Wochenende aus Baden-Württemberg an-gereist, um in einer Hinterhof-Praxis mit seiner ständig mies-gelaunten Frau moppeligen Menschen Nadeln in die Ohren zu rammen. Er war nicht gerade der einfühlsame Typ. Während ich dalag und darauf wartete, dass er mir nagelähnliche Metallstäbchen zum dauerhaften Verbleib in die Ohrmuschel hieb, sprach er von Disziplin, Suchtpunkten und Speisequark. Tatsächlich bestand der Hauptteil seiner Ernährungsempfehlung darin, dass ich sehr viel Magerquark essen müsste, dazu ein wenig Obst und Gemüse. »Mit den Nadeln werden Sie überhaupt keinen Hunger verspüren«, sagte er und schüttelte sein schwarz gefärbtes Haar angesichts meiner augenscheinlichen Disziplinlosigkeit. »Und hier sind noch die Aktivatoren für die Nadeln. Einfach ein paarmal am Tag dranhalten, dann laufen die Ströme wieder.« Ich habe bis heute den Verdacht, dass er ein bisschen irre ist. Ich aß brav meinen Quark, morgens, mittags und abends, bis mir er aus jeder Pore drang und ich einen leicht milchigen Geruch ausdünstete, der jedes Kälbchen erfreut hätte. Ich hatte schrecklichen Hunger, wagte aber nicht zu essen, weil die Ehefrau des Wunderheilers eine wirklich fiese Tusse war und ich mir nicht die Blöße geben wollte zu versagen. Nach ein paar Wochen hatte ich 15 Kilo runter und sah genauso aus wie eine Packung Magerquark, blässlich und irgendwie ausgetrocknet. Lange hielt der Spaß natürlich nicht an. Nach einem halben Jahr oder so hatte ich 10 Kilo wieder drauf und fühlte mich fetter als ein Eimer voller Gänseschmalz.

In Sachen Disziplin bin ich wirklich eine Peinlichkeit. Beim Heilfastenwandern auf Sylt ging ich dazu über, heimlich einen zweiten Saft zu bestellen, wenn wir mittags irgendwo mit vom Wind gebumsten Gesichtern einkehrten, um unter den befremdeten Blicken der anderen Gäste irgendwelche entschlackenden Trünke zu uns zu nehmen. Zu dem Zeitpunkt war ich überzeugt, dass ich »danach« ganz neu anfangen würde. Kleine Happen selbst bereiteter Speisen, Impulskontrolle, Stress und Gefühle durchleben, anstatt sie mit Essen wegzudrücken. Ich war sogar so überzeugt, dass ich mir einen Termin bei der örtlichen Darmreinigung besorgte. Die Darmreinigung, das muss man wissen, ist eine vielerorts verpönte Praxis, bei der der Darm mit Hilfe einer hydraulischen Pumpe mit Wasser gefüllt und anschließend entleert wird. Nichts, wobei man gerne Zeugen hat. Wie ich hinterher gelesen habe, kann dabei der Darm platzen, aber das wusste ich damals noch nicht. Was ich wusste, war, dass Prinzessin Diana tierisch darauf gestanden haben soll, und das ist ja wohl Grund genug.

Nun steht die hydraulische Darmreinigung oder Hydro-Kolon-Therapie, wie Fachleute sagen, auf der Coolheitsskala nicht gerade weit oben. Ich bekomme grundsätzlich nicht gerne Dinge in den Hintern gesteckt, wobei ich mich auch an Chicorée und den Geschmack von Fenchel gewöhnt habe, es kann also noch kommen. Aber am allerwenigsten mag ich mir einen Gartenschlauch dicken Stöpsel von einer Frau in den Hintern stecken lassen, die aussieht wie Tante Tilly aus der Spülmittelwerbung. »Das kribbelt jetzt ein bisschen«, giggelte sie, während ich ohne Hosen gekrümmt auf ihrer Liege lag. »Kann sein, dass es kalt wird innen drin.« Dann ließ sie das Wasser einlaufen. »Ein bisschen kribbeln« war nicht gerade das, was ich fühlte. Quälender Schmerz trifft es eher. Nur aus

Rücksicht auf die vor der Tür wartenden anderen Schmutzfinken schrie ich nicht, sondern verfiel in anhaltendes Jammern und Winseln, was Tante Tilly mit einem kecken »Da zuckt das Popöchen« begleitete. Die Erleichterung, als sie das Süppchen mittels eines Hahns dann wieder abließ, war himmlisch. Fachmännisch kommentierte sie die Flüssigkeit, die durch den nahezu durchsichtigen Schlauch floss. »Aha!«, rief sie beispielsweise, wenn ein Klümpchen vorbeikam, »da haben wir ja ganz schön alte Schlacken«, als wäre ich ein verkommener Braunkohletagebau. Oder »Hui, das sieht doch schon ganz frisch aus!«. Nach drei, vier Durchläufen durfte ich aufstehen und mich mit einem lauten Gurgeln auf einem Klo entleeren. »Zum Hinsetzen bitte die Hände schön nach oben strecken wie beim Wäscheaufhängen, dann rummst es ordentlich!« Die Friesen sind ja schon von der Location her ein sehr naturnahes Volk. Ich muss zugeben, dass ich Prinzessin Diana verstehe. Ich fühlte mich wie frisch ausgewrungen, nur eben von innen, und betrachtete den Apfel, der mir am Ende der Woche zum Fastenbrechen gereicht wurde, mit fast ängstlichem Argwohn. Endlich verstand ich, wie Eva sich im Paradies gefühlt haben musste. Ein Bissen von dem Ding, und schon bricht die Hölle los. Die guten Vorsätze hielten ungefähr vier Tage.

Hypnose soll ja der Knüller sein, wenn man mit dem Rauchen aufhören will. Meine Nikotinsucht zu beenden schaffte ich ganz alleine, aber das mit dem Zucker war eine andere Sache. Mir wurde zu einem Hypnosekünstler geraten, der mit seinem

Gong anreisen und mich von meiner Last befreien würde. Er kam dann auch, im Gepäck mehrere Klangschalen aus Messing. Die Liege, auf der ich mich ausstreckte, war weiß, der Hypnotiseur war auch weiß gekleidet. Er klöppelte auf den Schalen und murmelte mir Dinge ins Ohr wie: »Du wirst dich entspannen, du wirst ab jetzt immer entspannt sein und bei Stress nicht mehr essen«, so ähnlich jedenfalls. Ich kann nur sagen, dass er ein sehr netter Mann war und ich mich super entspannt habe, denn ich schlief bei jeder Session sofort ein und wachte erfrischt und mit großem Appetit wieder auf.

Zwischendrin dachte ich, ob eine spontane Kokainsucht vielleicht eine Hilfe wäre, aber ich stehe gar nicht auf Drogen, und die kokainsüchtigen Leute, die ich kenne, sind alle riesige Arschlöcher. Also probierte ich stattdessen Kapseln aus Hoodia, einem Seidenpflanzengewächs aus dem südlichen Afrika. Angeblich benutzen die Buschleute Hoodia, um Hunger zu unterdrücken. Dann versuchte ich homöopathische Mittel und Aminosäuren. Und ja, ich war mir weder zu doof, eine Saft-Detoxkur zu machen, noch das Kochbuch von Gwyneth Paltrow zu kaufen.

Das mit Gwyneth war wirklich ein Akt der Verzweiflung. Zusätzlich zu den Speckrollen hatte ich ein mysteriöses Hautjucken in der Nackengegend entwickelt. Ich meine, es war nicht diese Art Jucken, bei dem man erkennt, aha, ein Mückenstich, kein Wunder, dass es juckt. Es war eher so ein diskretes Jucken, ohne Symptome. »Mysteriöses Hautjucken« zu googeln ist nicht einfach. Man bekommt allerlei Bilder, auf denen dermatologische Begebenheiten zu sehen sind, die man nicht so schnell wieder vergisst. Besser ist es daher, auf Englisch zu suchen. Vor allem die Amerikaner schaffen es, jedes noch so jämmerliche Gebrechen in ein paar heitere Blogs umzuwandeln. Was finde ich also? Auch Gwyneth Paltrow leidet unter mysteriösem Hautjucken. Tatsächlich aber leidet sie unter viel mehr: Vor einiger Zeit, als sie sonntags ein paar Freunde zu Besuch hatte, wurde ihr plötzlich schwarz vor Augen, und sie musste sich den ganzen Nachmittag ins Bett legen, während die anderen den Abwasch erledigten. Ich dachte kurz nach. War mir nicht kürzlich, als ich nach dem Abendessen den Tisch abräumen wollte, beim Anblick der verkrusteten Teller auch schrecklich schlecht geworden? Gwyneth Paltrow, so steht es im Netz, hat nach der Panikattacke ihr ganzes Leben umgekrempelt und alles, was dazu nötig war, in einem Kochbuch niedergeschrieben. Dieses heißt auf Englisch »It's all good«, weil wirklich nur gute Dinge darin verbraten werden, die Gwyneth zu »strahlender Haut, funkelnden Augen und einem fitten Körper« verholfen haben.

»Ich werde bald strahlende Haut, funkelnde Augen und einen fitten Körper haben«, verkündete ich also Mimi, meiner Freundin, »und das mysteriöse Hautjucken wird auch bald Geschichte sein.« Aber statt sich mit mir zu freuen, sagte sie nur: »Du hast sie nicht alle« und bestellte uns noch ein Glas. Gwyneth wäre entsetzt gewesen. Alkohol ist das genaue Gegenteil von dem, was strahlende Haut ausmacht. Das weiß ich von ihrer Homepage www.goop.com, auf der ich auch lese, dass Gwyneth gerne ganz einfache Sachen trägt, zum

Beispiel ein Jeans-Mantel-Set, das man praktischerweise direkt auf ihrer Seite bestellen kann, für knapp 8 000 Euro.

Jedenfalls bin ich sicher, dass Gwyneth fabelhafte Freunde hat. Freunde, die ohne zu murren den Abwasch erledigen, während sie oben im Zimmer liegt und sich die Stirn mit einem feuchten Lappen benetzt. Ehrlicherweise muss ich sagen, dass Gwyneth und ich nicht sehr viele Gemeinsamkeiten haben. Obwohl ich zugeben muss, dass meine Putzfrau gelegentlich behauptet, dass ich sie an Catherine Zeta-Jones erinnere. Ich bin aber nicht sicher, ob sie mich nicht mit Roseanne Barr verwechselt, weil sie auch gern erwähnt, dass in der Ukraine ständig Fernsehserien aus den Achtzigern wiederholt werden.

Im Folgenden möchte ich meine Entgiftungszeit mit Gwyneth zusammenfassen (ich verfasse diesen Teil im Präsens, denn das Leben mit ihr findet ausschließlich im Hier und Jetzt statt).

Wie sich im Vorwort des Kochbuchs herausstellt, leidet Gwyneth unter verschiedenen Nahrungsmittelunverträglichkeiten. Ich ebenfalls. Um dem mysteriösen Jucken auf die Spur zu kommen, gehe ich zu einem auf Allergien spezialisierten Arzt. Wie sich 500 Euro später herausstellt, bin ich hoch allergisch gegen alle Arten von Getreide, sämtliche Milchprodukte und Hühnerei. Genau wie Gwyneth. Dass ich bislang keine strahlende Haut habe, liegt also nicht an einer Mischung aus zu viel Wein und zu wenig Schlaf, sondern daran, dass ich entgegen meinen Bedürfnissen täglich ein Ei esse. Gwyneth hat auch dafür den passenden Tipp: erst einmal entgiften.

Mit der Entgiftung ist es ungefähr so wie mit Ehescheidun-gen. Den ganzen Dreck anzuhäufen macht wesentlich mehr Spaß, als ihn hinterher wieder loszuwerden. Vor allem wenn man, wie Gwyneth, zu einer gewissen Radikalität neigt. Als sie in *Iron Man 2* in ihrer Rolle als Pepper Potts gesagt hat, sie sei allergisch gegen Erdbeeren, war ich davon ausgegangen, dass es das Drehbuch verlangt. Aber nein: Gwyneth schreibt, dass Erdbeeren entsetzliche Allergien auslösen und sie darum für immer darauf verzichten wird.

TAG EINS:
Meine Entgiftung beginnt mit einem Getränk, das sie »The Best Green Juice« nennt. »Best« ist nicht das Wort, das mir als Erstes einfällt, aber grün ist der Saft auf jeden Fall. Saft ist allerdings auch zu viel gesagt, denn ich habe gar keinen Ent-safter, sondern nur einen Pürierstab. Morgens um sieben Uhr eine feuchte Mischung aus Kohlblättern, Ingwer, Zitrone und Apfel aus einem großen Glas zu schlürfen ist eine interes-sante Erfahrung. Jedenfalls finde ich es sehr nachvollziehbar, warum Gwyneth auf dem dazugehörigen Foto nur ein sehr dünnes Lächeln auf den Lippen hat und nicht wie auf den an-deren Bildern das breite, glückliche Lachen einer von che-mischen Zusatzstoffen Befreiten. Vermutlich ist ihr genauso schlecht wie mir.

Anders als ich ist Gwyneth ein Vorbild in Sachen Disziplin. Wenn sie mal so richtig über die Stränge schlagen will, raucht sie eine Zigarette. Pro Woche. Hätte ich ein paar Lebensjahre mehr, wenn ich Gwyneth früher in mein Leben gelassen hätte?

Ganz sicher hätte ich kein Gramm Speck am Leib, denn Hedonismus ist nichts, wofür sie sich ereifern kann. Als Snack gestattet sie mir und sich eine Handvoll in Wasser eingeweichte Mandeln, weil diese dann leichter zu verdauen sind. Ich kann mir nicht vorstellen, dass Gwyneth überhaupt verdaut, denn da ist nichts, was man verdauen könnte.

Aber ich will nicht jammern. Gwyneth jammert schließlich auch nicht. Und meine Augen sind noch längst nicht so klar, wie sie sein könnten. Das liegt wahrscheinlich daran, dass ich keinen Sport mache. Gwyneth macht täglich zwei Stunden Sport, was ich unheimlich bewundernswert finde, aber das geht natürlich nur, weil sie Freunde hat, die alles für sie machen, bestimmt nicht nur den Abwasch. Kein Wunder, dass sie immerzu lächeln muss.

Um die volle Gwyneth-Packung zu bekommen, ist es natürlich nötig, dass ich mich genauso bewege wie sie. Tracy Anderson, ihre Personal Trainerin, hat zum Glück ein paar DVDs herausgebracht, auf denen man genau die gleichen Übungen machen kann wie Gwyneth Paltrow. Anders als sie lächelt Tracy Anderson allerdings kein bisschen, was ich total nachvollziehen kann. Die Übungen sind entsetzlich anstrengend. Offenbar besitze ich keine nennenswerte Bauchmuskulatur, meine Gesäßmuskulatur ist erschlafft, und meine Beine sind schwach und mürbe. Nach ungefähr zwanzig Minuten muss ich aber sowieso aufhören, weil ich Zeit brauche, um irgendwo in der Stadt das Blattgrün von Roter Beete zu bekommen. Gwyneth benutzt nämlich sämtliche Bestandteile eines Lebensmittels, vor allem die, die nicht satt machen.

Ich weiß nicht, wo Gwyneth ihre Einkäufe erledigt, aber ich nehme an, dass es einfacher ist, wenn einem der Magen nicht in den Knien hängt. Nach dem zehnten Bioladen gebe ich auf und koche stattdessen Suppe aus jungem Spinat. Spinat hat übrigens kaum Kalorien, schreibt Gwyneth.

Sicher ist, dass ich nicht die gleichen wirtschaftlichen Ressourcen habe. Meine Einkäufe sind nicht nur komplizierter, sondern auch wesentlich teurer als normalerweise. Ein exklusiver Geschmack kostet einfach. Ich trage Fische und Hühner nach Hause und dazu kiloweise Kohl für den Frühstückssaft, teuren Honig und Nüsse, Tofu und allerlei Kram, die es nur im Bioladen gibt, und zwar zu hohen zweistelligen Beträgen. Abends koche ich für meine Freundinnen Gwyneths Putenfleischbällchen mit gedünstetem Brokkoli. »Ihr solltet nicht so viel trinken«, sage ich tadelnd. »Gwyneth trinkt inzwischen fast gar keinen Alkohol mehr. Ist euch mal aufgefallen, dass ihre Haut wirklich strahlt?« Sie verlangen nach dem Salzstreuer, obwohl Salz dazu führt, unheimlich viel Wasser einzulagern.

TAG ZWEI:

Wenn man sich beim Trinken die Nase zuhält, ist die Sache mit dem Kohl gar nicht mehr so übel, zumindest, wenn die ganzen Stückchen nicht wären. Prima ist auch, dass ich danach gar keinen Appetit mehr habe. Die Übungen mit Tracy fallen mir heute viel leichter, vielleicht, weil ich das Tanz-Work-out-Programm ausprobiere, mit dem sich Gwyneth nach der letzten Schwangerschaft in Form gebracht hat. Man muss nicht viel tun, außer wild mit den Armen zu wedeln und hin und her zu springen. Kann sein, dass ich den Ablauf nicht ganz verstehe, aber das liegt sicher an den vielen Kohlehydraten, die immer noch in meinem Organismus herumschwirren. Ich erinnere mich aber, dass Gwyneth nicht mal ihren Kindern Kohlenhydrate gibt, sondern zum Geburtstag Bratäpfel serviert. Ich wünschte, ich wäre Gwyneths Kind. Dann dürfte ich jetzt Rührei aus Tofu essen und müsste nicht an Kohl-Chips nagen. Ich mag Kohl nicht besonders. Abends gibt es Misosuppe mit Wasserkresse. Ich habe Hunger.

TAG DREI:
Heute soll es leichter werden, schreibt Gwyneth. Das stimmt insofern, als dass mir mein Nachbar für mein Vorhaben ein Haarsieb leiht. Ohne Stücke ist der »beste grüne Saft« nämlich deutlich leichter zu schlucken. Zum Mittagessen gibt es Falafelbällchen mit Avocado-Relish, allerdings ohne Tomaten, denn Tomaten sind hochallergen. Keine Erdbeeren, keine Tomaten, vielleicht hat Gwyneth einfach eine Aversion gegen rotes Obst und Gemüse.

TAG VIER:
Ich kann keinen Kohl mehr sehen. Heute Morgen ist mir aufgefallen, dass meine Haut ungewöhnlich riecht. Ich dünste Kohl aus. Tatsächlich muffele ich so wie dieses sehr alte Sauerkrautfass, das ich mal bei einer Bergtour gefunden habe. Mir kommt eine Geschichte in den Sinn, auf die ich mal vor

einiger Zeit gestoßen bin. Chris Martin, also der Exmann von Gwynnie, wie ich sie inzwischen nenne, soll schon vor Jahren über eine Trennung nachgedacht haben. Vermutlich konnte er ihren Geruch nicht mehr ertragen. Oder er wollte einfach mal wieder etwas Ordentliches zu beißen haben. Schlimmer noch. Vielleicht hat Gwynnie ganz Coldplay auf Diät gesetzt. »Na, na, na«, wird sie gesagt haben, »was sehe ich denn da? Ihr esst Hamburger? Hier, ich habe euch ein paar leckere geröstete Süßkartoffeln mitgebracht. Weißes Mehl ist doch so schlecht für euch!« Kein Wunder, dass die Lieder alle so traurig klingen. Abends esse ich Brokkoli und Arugula-Suppe. Zum Nachtisch stelle ich fest, dass das mysteriöse Hautjucken verschwunden ist. Ach, Gwynnie!

TAG FÜNF:

Im Spiegel erkenne ich erste Anzeichen klarer, strahlender Augen. Zumindest glänzen sie. Anschließend verbringe ich den Vormittag beim Augenarzt, weil ich eine Bindehautentzündung habe. Mittags sollte ich eigentlich Hühnchen-Burger auf Thai-Art essen, aber die Sprechstundenhilfe konnte mir da auch nicht weiterhelfen. Ich denke daran, was Gwyneth sagt: »Wenn es mal nichts zu essen gibt, hilft ein großer Schluck stilles Mineralwasser.« Später esse ich Huhn mit Oliven. Köstlich. Auch wenn die Portionen winzig sind. Aber Gwyneth hat natürlich auch einen sehr kleinen Magen. Ich rede mir ein, dass mein Magen auch sehr klein ist, und trinke anderthalb Liter Wasser. Mir fällt auf, dass Gwyneths Sohn Moses auf den Fotos im Kochbuch viel unglücklicher aussieht als seine Schwester Apple. Frauen fällt es ja leichter, sich an neue Verhaltensweisen zu gewöhnen. Vielleicht bin ich ein Mann.

TAG SECHS UND SIEBEN:

Was passiert, wenn die beste Freundin Geburtstag hat, hat Gwyneth nicht aufgeschrieben, aber einknicken gilt nicht. Ich habe für das Büfett Spinat mit Miso-Mandel-Sauce mitgebracht. »Probiert mal«, sage ich. »Es schmeckt wirklich köstlich!« Immerhin reagiert eine von ihnen: »Du siehst wirklich ganz gesund aus.« Die andere sagt: »Du hast da Eiter am Auge.« Mein Muskelkater ist immer noch zu heftig, um mit Tracy zu üben. Mimi kippt ihren Spinat ins Spülbecken, das sehe ich genau, behauptet aber, ihr sei der Teller aus der Hand gerutscht.

TAG ACHT:

Ich nehme an, dass Gwyneths Kinder es ein bisschen besser haben als der Mann an ihrer Seite, weil sie sich schließlich noch im Wachstum befinden. Für die Kleinen gibt es eine eigene Rezepteinheit. Gwyneth nimmt Kinderernährung sehr ernst. »Ich würde eher sterben, als meine Kinder mit Fertigsuppe zu füttern.« Für Apple hat sie sogar eine vegane Party ausgerichtet. Toll, wenn Mütter so mitdenken. »Nehmt noch von den glutenfreien Süßkartoffel-Muffins. Da ist kein Zucker drin! Keine Eier! Ihr werdet sehen, dass ihr hinterher viel mehr Energie habt und keine Löcher in den Zähnen!« Ich wäre gern da gewesen. Die veganen Buchweizen-Bananen-Pfannkuchen sind aber wirklich köstlich. Um meinen Eiweißhaushalt zu versorgen, koche ich für das Abendessen Gwynnies Linsensalat. Sie berechnet eine kleine Tasse für vier Personen. Obwohl mein Magen bestimmt um die Hälfte geschrumpft ist, habe ich eher das Gefühl, eine Tasse reicht für eine Viertelperson. Vielleicht ein Druckfehler.

TAG NEUN:
Zum Frühstück gibt es Quinoa-Körner mit Olivenöl, Ahornsirup und selbst gemachter Mandelmilch. Während ich kaue, muss ich an Woody Allen denken. »Ich esse schon lange nicht mehr für die Seele, sondern nur noch für den Körper.« Ob er und Gwyneth befreundet sind? Abends kommen Freunde. Ich koche die Viele-Pilze-Suppe mit gegrilltem Lachs und Zitronenvinaigrette. Anschließend serviere ich eines von Gwynnies Lieblingsgerichten, weil es voller Proteine ist. Proteine sind gut für den Muskelaufbau, den ich offenbar dringend brauche. Tracy Anderson würde anfangen zu weinen, wenn sie mich persönlich kennenlernen würde. Nach dem Hühnchen fragt mein Freund, was es denn als Hauptspeise gäbe. Ich erkläre ihm, dass Gwyneth Völlerei in jeder Form ablehnt, weil man dann seinen Körper nicht mehr spürt. Er verzieht sich in die Küche, aber außer Edamame-Schoten wird er da nicht viel finden. Und die sind für den Nachtisch.

TAG ZEHN:
Ich bin vier Kilo leichter. Ich nehme an, es war die Kombination aus permanentem Nichtsattsein und Sportmachen. Meine

Putzfrau kommt und sagt, dass ich sie an diese Filmfigur erinnere. Zum Glück fällt ihr diesmal der Name nicht ein. Ich
vermute immer noch, sie meint Roseanne Barr.

Finde dich gut-Effekt:

Diäten bringen nur dann etwas, wenn du ganz schnell mal
zwei, drei Kilo abnehmen willst. Langfristig hilft nur, dass du
dir das beste Essen gönnen solltest. Ohne Industriezucker,
Fertigprodukte und Fast Food geht es dir tausendmal besser, und du wirst gesund aussehen. Es braucht ein bisschen
Übung, das hinzubekommen, nimm dir also lange genug Zeit.
Ich verspreche dir, dass du danach nie wieder Diät halten
musst.

Was Männer darüber denken

Als ich #paulaliebtdich gründete, ging ich davon aus, dass das
Problem mit der Selbstliebe und Akzeptanz eher eines wäre,
das vor allem Frauen anginge. Schließlich lastete auf uns der
ganze Druck von Werbung, Frauenmagazinen und Kinofilmen!
Frauen mussten jung, schlank und witzig sein, während Männer auch mit Bauch okay waren oder mit Falten und Glatze.
Kurz danach schrieb mir ein junger Regisseur eine E-Mail. Er
war wütend über die Einseitigkeit meines Aufrufes. »Du liegst
falsch in der Annahme, dass hauptsächlich Frauen betroffen
sind«, schrieb er. »Mittlerweile liegt auf uns Männern der-

selbe Druck, und wir sind Opfer der gleichen verschobenen Selbstwahrnehmung. Frauen sind heutzutage unabhängig. Der Erfolg eines Mannes kann nur noch wenige von ihnen begeistern oder gar an ihn binden. Was bleibt uns Männern dann noch? In dem Fitnessstudio, in das ich gehe, sind mehr Männer als Frauen, und die ackern nicht dafür, sich selbst gut zu finden, die wollen sich zum größten Teil einfach nur noch passend machen. Das ist eine totale Katastrophe. In meinem Umfeld kriege ich mit, dass die Frauen Zuneigung gar nicht mehr annehmen können. Da nimmt eine während der Schwangerschaft zu, und obwohl ihr Mann sie immer noch begehrt, weist sie ihn zurück. Und am Ende sagt sie dann: ›Siehst du, mich findet keiner schön.‹ Das ist doch verrückt! Wir haben alle irgendwie den Glauben an uns verloren, und das geht Männern und Frauen gleichermaßen so. Nur können die Frauen es vielleicht einfacher zugeben. Ich fand mich selbst noch nie schlank, selbst als ich es tatsächlich war. Ich wurde in der Kindheit wegen meiner Schwimmringe gehänselt, und noch heute bin ich jedes Mal überrascht, wenn eine wunderschöne, schlanke Frau mich anspricht und etwas von mir als Mann und nicht als Regisseur will.«

Beziehungen und Dating

Dating ist heute nicht mehr ganz so komplex wie früher, wo jedes Date schon ein Schritt in Richtung Beziehung war. Heute meldet man sich auf Tinder & Co an, trifft sich mit jemandem, findet ihn blöd, trifft sich mit dem Nächsten. Klingt einfach, ist es aber nicht. Die meisten Frauen verlieben sich irgendwann, manchmal einseitig und nicht immer in den, der gut zu ihnen passt. Und was ist, wenn man dann in einer Beziehung landet? Nicht so wie in Hollywoodfilmen, wo dann alles gut wird. Beziehung bedeutet Arbeit, machen wir uns nichts vor. Es gibt aber Arbeit, die du schon vorher erledigen kannst. Und das macht die Angelegenheit dann wieder einfacher.

Du liebst dich nicht genug, wenn du dich für beziehungsgestört hältst

Ich weiß nicht, ob du momentan auf der Suche nach einer Beziehung bist, aber da du ein Buch mit dem Titel *Finde dich gut, sonst findet dich keiner* liest, gehe ich mal schwer davon aus. Vielleicht steckst du aber auch in einer schlechten Beziehung, die dich nicht besonders glücklich macht. Es macht also keinen Unterschied, am Ende steht das Gleiche: So wie es ist, kann es nicht bleiben. Keine Sorge, wird es auch nicht. Das Problem ist nur, dass sehr viele Leute inzwischen glauben, dass sie beziehungsgestört sind, irgendwie unfähig. Dabei haben sie eine sehr verklärte und total unrealistische Meinung davon, was eine Beziehung ausmacht und was Liebe alles können muss. Damit wir uns den langen Umweg sparen, kann ich dir schon mal sagen, was Liebe alles *nicht* kann. Liebe kann dich nicht reparieren, und sie kann dir den Schmerz vergangener Tage nicht aus dem Leib schneiden. Aber sie hat eine sehr große Kraft, so groß, dass sogar Philosophen darüber streiten, ob Liebe nicht die einzig wirksame Kraft auf der Welt ist. Liebe ist also an sich eine ziemlich coole Sache.

Trotzdem kann sie nicht die Vergangenheit ungeschehen machen. Manche Menschen sind so sehr verletzt worden, dass sie es nicht zulassen können, wenn sie geliebt werden. Weil sie so viel Zeit damit verbracht haben, ihr Herz zu schützen und den Schmerz zu glätten, dass sie gar nicht mehr wissen, wie es frei und ungezwungen schlagen kann. Manche Menschen verbringen ihr Leben damit, nach einem Notausgang zu schielen, wenn die Liebe ihnen zu nahe kommt. Und obwohl sich das Gefühl der Einsamkeit, das manchmal mit kalten Fingern nach einem greift, schrecklich und brutal anfühlt, so als müsste man gleich ersticken, suchen diese Menschen immer nach einer Fluchtmöglichkeit, weil sie panische Angst haben, entdeckt und berührt zu werden. Denn nichts, aber auch gar nichts, reißt dir so die Maske vom Gesicht wie das Gefühl der Liebe, wenn es durch deinen Körper strömt. Und auch wenn du versuchst, dieses Gefühl zu übertünchen, indem du massenweise Dramen, Sex, Streitereien und Lügen darüberpackst, bleibt am Ende die Frage zurück: Liebst du dich selbst genug, um andere zu lieben?

Es gibt Jugendliche, die schon früh anfangen, ernsthafte Partnerschaften zu führen. Als ich jung war, haben wir über solche Paare gelacht. Warum? Vielleicht weil uns ihre Selbstverständlichkeit auf den Keks ging, mit der sie ohne größeren Aufwand das machten, was uns so schwerfiel, nämlich sich auf einen anderen Menschen einzulassen. Neulich beim Abitreffen fiel mir auf, dass genau dieselben Leute immer noch in langen Bindungen steckten und dabei ganz zufrieden wirkten. Während wir anderen in unseren Beziehungen eine Tour de France hinlegen mussten, bergauf, bergab, mit Pannen und Überholmanövern, radelten sie gemütlich über das Flachland und erfreuten sich an den hübschen Mohnwiesen. Sie waren weniger angestrengt als wir, aber eben auch ein bisschen langweiliger. Es hat also alles sein Für und Wider.

Grundsätzlich sollte das Leben bewusst wahrgenommen werden und nicht mit reuevollem Rückblick. Ich habe mir vor Jahren angewöhnt, auf meiner wilden Radtour gelegentlich stehen zu bleiben, um an den Blumen am Wegrand zu schnüffeln und darüber nachzudenken, warum ich jetzt schon wieder dieses blöden Pass genommen habe anstatt die praktische

Umfahrung am Fuß des Berges. Ich muss sagen, trotz meiner starken Beinmuskulatur (ich bin beziehungstechnisch rasend schnell hoch und runter gefahren) tut es mir sehr gut innezuhalten und den Blumenduft einzuatmen. Weil er mich daran erinnert, welche Strecke ich in meinem Leben schon zurückgelegt habe.

Die Frage ist, woran du merkst, ob du dich selbst genug liebst – so sehr, dass du auch andere lieben kannst. Da gibt es ein paar einfache Hinweise, anhand derer du zumindest schon einmal eingrenzen kannst, ob du das Ziel vor Augen hast oder aus Versehen völlig in die falsche Richtung fährst.

- ♡ Sobald es Streit gibt, stürzt du dich in ein Gedankenkonstrukt, das aus den Elementen »Er liebt mich sowieso nicht«, »Ohne ihn bin ich besser dran« und »Ich werde sowieso nie den Richtigen finden« gestrickt ist.
- ♡ Es fällt dir wahnsinnig schwer, einen Akt der Güte und wohlwollende Handlungen anzunehmen.
- ♡ Du tust viel lieber Dinge für andere, als dich um dich selber zu kümmern.
- ♡ Andere glücklich zu sehen macht dich sehr froh – insgeheim ahnst du, dass du niemals so glücklich sein wirst.
- ♡ Du hast den Drang, dich in einem besseren Licht darzustellen, und beginnst in einer Beziehung sofort, dich selbst zu manipulieren.

♡ Häufiger mal verwechselst du Sex mit Liebe.

♡ Du glaubst fest daran, dass eine Beziehung dein Wohlbe-
  finden und überhaupt dein Leben verbessern würde.

Damit wir uns nicht falsch verstehen: Diese aufgelisteten
Punkte beschreiben ziemlich präzise mein früheres Beziehungsverhalten. Vor Kurzem musste ich an eine Situation denken, als ich relativ neu in Berlin war. Ich war damals 21 Jahre
alt und auf einer Party eines Bekannten. Um mich herum
standen viele Leute, die keinen Mucks sagten, sondern mir
wie gebannt zuhörten. Ich war quasi umzingelt von vielen
Leuten. Das lag an der völlig absurden Lügengeschichte, die
ich ihnen lauthals auftischte. Ich war ziemlich betrunken,
und wenn ich betrunken bin, neige ich zu großer Begeisterung. Während ich also mit riesigen Gesten herumfuchtelte
und erzählte, dachte ich: »Erstaunlich, dass sie dir diesen
Quatsch abkaufen.« Das hielt mich natürlich nicht davon ab,
alles noch bunter zu machen, als würde LSD in meine Worte
fließen. Je mehr Leute dazukamen, desto fantastischer wurde
die Geschichte. Es ging um meine Zeit in Los Angeles, es kam
eine Ziege vor, Sheila E. und die National Guards, die mich
nach dem großen Erdbeben von 1994 um ein Haar erschossen
hätten (zumindest der Teil stimmte). Keine Ahnung, wie die
Ziege zu Sheila E. kam – aber ich war jedenfalls sehr glaub-
würdig. An der geschilderten Situation sind zwei Dinge bemerkenswert: Zum einen dachte ich an diesem Abend, dass
ich ohne große Story allein nicht interessant genug wäre, damit andere sich mit mir unterhalten würden. Zum anderen

gab ich mich so, als wäre ich wirklich begeistert von dem, was ich erlebt hatte und wie ich war, dass ich auf die umstehenden Menschen wie ein Magnet wirkte. Ich war ein Fake, aber für wenige Augenblicke tat ich so, als wäre ich echt. Später ging ich mit dem hübschesten Typen auf der Party nach Hause und hielt mich für eine Gewinnerin. Leider war hübsch nicht gleich toll, und während er talent- und freudlos in mir herumstocherte, lag ich da und dachte darüber nach, warum sich mein Leben manchmal so beschissen anfühlte.

Alle Menschen haben ein tief sitzendes Bedürfnis in sich, Liebe und Mitgefühl zu verspüren. Ohne diese Emotionen sind wir unglücklich und unerfüllt. Wir brauchen Liebe, um uns gut zu fühlen, wir brauchen das Feedback der anderen. Wir wollen unbedingt, dass andere sehen, was für wundervolle Menschen wir sind. Deshalb funktionieren soziale Netzwerke auch so gut. Das Problem ist nur, dass das nicht funktioniert. Wer nicht lernt, sich selbst zu lieben, wird bis zum Sankt-Nimmerleins-Tag darauf warten, dass ein anderer es tut. Der Job ist einfach viel zu groß!

Finde dich gut-Effekt:

Du bist nicht gestört, das ist doch schon mal eine gute Nachricht. Stattdessen hast du einfach ein paar Probleme bei der Auswahl deiner Partner gehabt, aber das bekommst du ja jetzt in den Griff.

Es ist ganz einfach: Sobald du dich in Gegenwart eines Menschen nicht gut fühlst, einen Druck in der Magengegend aufbaust oder unsicher bist, solltest du dich von ihm abwenden. Achte bitte immer darauf, Menschen ziehen zu lassen, die dir einreden, nicht gut genug zu sein. Mit denen sollst du dich nie wieder abgeben.

Du liebst dich nicht genug, wenn du Beziehungen als Bedürfnisbefriedigungsanstalt ansiehst

Wenn du dich selbst nicht liebst, dann liegt die Chance bei 100 Prozent, dass du dich in Beziehungen auf deinen Partner wirfst und ihn umfängst wie eine Zwangsjacke, und gleichzeitig von ihm erwartest, dich endlich, endlich glücklich zu machen (was ihm niemals gelingen kann). Oder du bist überzeugt davon, dass er dich nicht wirklich liebt, denn wie soll er, wenn ihm die Hände gebunden sind und wo nicht mal du selbst dich magst? Und dann wirst du alles daran setzen, zu beweisen, dass er dich tatsächlich nicht liebt, und mit destruktivem Verhalten die Beziehung zerstören.

Mein Partner und ich sind seit sieben Jahren zusammen. Brutto. Netto ist es ein bisschen weniger, da wir uns bestimmt viermal getrennt haben, weil es so einfach nicht mehr weiterging. In den Trennungsphasen gab es eine Menge unnützen Sex und überflüssige Affären, aber in der Tiefe unserer Herzen wussten wir immer, dass wir zusammen weitergehen wollen. Das wirklich Tolle an unserer Beziehung ist nämlich, dass wir uns gegenseitig gnadenlos zur Weiterentwicklung antreiben, was wiederum bedeutet, dass wir die ganze Zeit an unseren Ängsten und inneren Blockaden arbeiten. Das tut weh, und man ist sehr häufig damit beschäftigt, seine finstersten Seiten zu betrachten. Aber es ist meiner Meinung nach der einzige Weg zu einer Beziehung unter Erwachsenen.

Meistens stehen dem Gelingen einer Partnerschaft merkwürdige Glaubenssätze oder die totale Illusion im Weg. Vor Kurzem kam ein Paar zu mir, das wollte, dass ich ihre Beziehung rette. »Und wie stellt ihr euch das vor?«, fragte ich, wohl wissend, dass die meisten erwarten, man wedelt mit einem Zauberstab herum, und danach ist alles wieder gut. »Na ja, du stellst uns einfach die richtigen Fragen, und dann klappt das wieder«, sagten sie. Das Problem ist natürlich, dass eigentlich niemand die richtigen Fragen hören möchte.

Bei diesem Paar war es so, dass beiden zu Beginn der Beziehung das äußere Erscheinungsbild des Partners genügte: Sie fanden sich gegenseitig sexy. Das Problem ist nur, dass man damit zwar ins Bett kommt, aber sonst nicht viel weiter. Ich sage es immer wieder, die Vergangenheit des Menschen, der dein Partner werden soll, ist wichtig für eure Beziehung. Wir lernen nicht nur einen bestimmten Umgang miteinander, sondern auch das vorgelebte Beziehungsverhalten unserer Eltern kann dazu führen, dass wir bestimmte Ängste oder ein Gefühl des Mangels entwickeln, das dann der Partner kompensieren soll.

Britta, so hieß die Frau, war als Kind von ihrem Vater verprügelt worden. Er war ein cholerischer Mensch, der die Mutter verließ, als sie elf Jahre alt war. Danach hatte die Mutter wieder einen Partner, der ebenso zur Gewalt neigte und gegen den die Mutter sich auch nicht wehrte. Sie war emotional abhängig und fühlte sich wertlos ohne Beziehung, darum sagte sie sich: »Lieber einen schlechten Partner als keinen. Und so übel ist er ja auch nicht.« Es gab zwischendurch immer wieder Momente, in denen sich die Mutter scheinbar geborgen fühlte. Doch bei Britta setzte sich als Kind schon ein tiefes Misstrauen fest, das ihr immer wieder ins Ohr flüsterte: »Männer sind gewalttätige und verlogene Machtmenschen. Und zwar ausnahmslos.«

Ihr Partner Bastian hingegen war bei seiner Mutter aufgewachsen, der Vater hatte sich kurz nach der Zeugung aus dem Staub gemacht. Er interessierte sich weder für seinen Sohn noch für dessen Mutter, die den ganzen Tag gearbeitet hatte und abends erschöpft nach Hause gekommen war. Um seiner Mutter nicht noch mehr Stress zu bereiten, wurde aus Bastian ein extrem angepasstes Kind, das gewohnt war, alles auszuhalten und seine Bedürfnisse komplett zurückzustecken.

Als Britta und Bastian sich trafen, spürten sie sofort eine starke Anziehungskraft, die sich vor allem daraus speiste, dass beide sehr attraktiv waren. Das ist zunächst ja nichts Schlimmes. Früher habe ich meine Partner häufig nach dem Äußeren ausgewählt, allerdings ohne weiter auf die inneren Werte zu achten. Das führte zu ein paar sehr unschönen Enttäuschungen, zum Beispiel, wenn einem klar wird, dass der Mann dumm wie Bohnenstroh ist. Natürlich kann man trotzdem Sex mit ihm haben, aber bitte, das reicht dann auch. Man sollte nicht mehr hineinfabulieren, als tatsächlich da ist. Tja.

Nach drei Monaten atemberaubendem Sex hatte sich jedenfalls ein mieses Beziehungsmuster eingeschlichen. Britta flippte vor Eifersucht vollkommen aus, sobald Bastian andere Frauen traf oder mit ihnen telefonierte, und war darauf aus, stets zu beweisen, dass Männer tatsächlich bösartige Bestien waren, und zwar ausnahmslos. Sie filzte sein Telefon, checkte heimlich seine Mails und griff ihn bei jeder erdenklichen Gelegenheit an. Bastian hingegen, der sich keiner Schuld bewusst war, reagierte nicht nur verstört, sondern vor allem hilflos auf die Attacken. Weil er gewohnt war, es Frauen immer recht zu machen, ließ er schließlich sein Handy überall offen liegen, um sich nicht verdächtig zu machen, und stellte den Kontakt zu vielen Freunden und Bekannten ein, um Britta keinen Anlass zum Angriff mehr zu geben. Beide waren verzweifelt angesichts der Situation, obwohl mir Bastian mehr leidtat. Hier waren zwei Menschen zusammengekommen, die extrem unter mangelnder Selbstliebe und Selbstwahrnehmung litten. Brittas Angriffe waren in Wahrheit nicht gegen ihren Partner gerichtet, sondern gegen sich selbst. Bastian trug zur Zerstörung bei, indem er die Attacken zuließ, dadurch sein letztes Restchen Selbstachtung vernichtete. Ich war froh, als die beiden sich schließlich trennten. Britta hatte, wie sie sagte, »keinen Bock mehr auf den ganzen Stress«, und stellte in Aussicht, dass sicher ein Besserer auf sie warten würde. Ich wünschte ihr viel Glück.

Beziehungen beginnen oftmals mit der Suche nach dem »Richtigen« und enden dann auch damit. Wenn eine Beziehung gut läuft, ist das allerdings erst der Anfang. Ohne Arbeit und Kommunikation plätschern Beziehungen so dahin, bis irgendwann der Sex abstirbt, beide über Monate oder Jahre beklagen, dass sie sich langweilen, und dann Trennungen vollziehen, die gar nicht nötig gewesen wären, wenn sie mit offenen Augen in die Beziehung eingestiegen wären. Du kannst zum Beispiel mit ziemlicher Sicherheit davon ausgehen, dass dein Partner kein fehlerfreier Mensch ist. Die Chance, dass der andere wirklich eklige Seiten hat, liegt bei nahezu 100 Prozent. Und wahrscheinlich bringt er auch ein paar Narben aus der Vergangenheit mit. Es müssen keine Katastrophen passiert sein – ein mit Schwung gebrochenes Herz reicht auch, um jemanden in Sachen Beziehung nachhaltig zu schädigen und vorsichtig werden zu lassen.

Natürlich musste ich mir auch irgendwann die Frage stellen, woher ich eigentlich diesen Glauben hatte, dass man a) unbedingt eine Partnerschaft braucht, um etwas wert zu sein, und b) nur genug Steinchen umdrehen muss, um den Prinzen zu finden. Wenn man sich selbst nicht gut findet, kann man das mit dem Prinzen getrost vergessen. Sagt einem so natürlich keiner. Instinktiv imitieren Menschen die Vorbilder, die sie eben haben. Früher, also sehr viel früher, war das auch richtig so. Ein Kind konnte allein durch Beobachtung seiner Eltern und anderer Gruppenmitglieder alles Wichtige lernen – wie man Nahrung besorgt und zubereitet, wann man schläft, wie man sich reinigt und eben zusammenlebt. Aber seit das Leben immer komplizierter und schneller wird, ist das nicht mehr ganz so einfach. Wir haben keine Gruppe, an der wir uns rund um die Uhr orientieren können, sondern meistens nur noch die Eltern, und da manchmal auch nur noch ein Teil. Das ist ein bisschen wenig. Wenn man sich als Kind nur an einem oder zwei erwachsenen Menschen orientiert (und vielleicht noch ein wenig an den Lehrern oder den Eltern von Freunden), dann kann es sein, dass man ein etwas merkwürdiges Bild davon bekommt, wie Beziehungen heute laufen.

Als ich jung war, hatte meine Mutter nicht nur zahlreiche Partner, sondern ich auch verschiedene Stiefväter. Sie kamen und gingen wieder. Es war ein bisschen so, wie wenn ich ein wechselndes Au-pair gehabt hätte. Du gewöhnst dich an einen Menschen und findest ihn irgendwann ganz okay. (Na gut, nicht alle. Einer hat alles drangesetzt, mich ins Internat abzuschieben. Da habe ich mich gewehrt.) Und wenn du mit all seinen Eigenarten endlich klarkommst, sagt er: »Okay, *so long*, das war's für mich. Der Nächste bitte.« Ich fand jede Trennung ähnlich schmerzhaft, selbst wenn ich den jeweiligen Typen gar nicht leiden konnte. Die wenigsten Partner haben sich tatsächlich von mir verabschiedet. Meist waren sie einfach eines Tages nicht mehr da. Die Unterhaltungen in der Schule waren ziemlich abgeklärt, und ich tat so, als machte mir das alles nichts aus. »Wie geht es dem Freund deiner Mutter?« – »Ist weg.«

Kind sein ist komisch. Man wünscht sich nichts mehr, als dass alles so bleibt, wie es ist, selbst wenn es nicht besonders ist. Ich schloss aus den ständigen Wechseln, dass meine Mutter und folglich auch ich einfach keine Menschen waren, mit denen man es dauerhaft aushielt. Das ist für ein Kind ein schlimmer Gedanke, denn er frisst sich durch die ganze Seele. Und gleichzeitig lernte ich, dass jeder x-beliebige Kandidat ein möglicher Prinz sein konnte, denn die Typen, die mir meine Mutter vorsetzte, hatten im Wesentlichen nur eine Gemeinsamkeit: Sie konnten das riesig klaffende, traurige Loch in ihrem Herzen nicht stopfen.

Finde dich gut-Effekt:

Du kannst an dir arbeiten, und niemand darf dich daran hindern. Das ist eine sehr gute Nachricht! Es wird nicht lange dauern, bis du merkst, dass du sehr häufig davon ausgegangen bist, dass der Partner dich glücklich machen sollte, und dafür sorgen, dass du nicht mehr mit unangenehmen Gefühlen in Kontakt kommst. Inzwischen weißt du, dass der perfekte Partner schon bei dir ist: du bist es selbst! Und da du niemanden brauchst, um dich besser zu fühlen, kannst du dich darauf konzentrieren, jemanden zu finden, mit dem du schöne Dinge zu zweit machen kannst. Tanzen zum Beispiel. Oder Sex haben. Und zusammen einschlafen.

Du liebst dich nicht genug,
wenn du ein Leben lang vor dir wegläufst

Natürlich ist es möglich, ein Leben lang auf der Flucht vor sich selbst zu sein. Es gibt Menschen, die rennen so viel, dass sie schon mit Mitte 30 völlig erschöpft sind. Das Blöde ist dabei nur, dass man sich selbst immer mitnimmt. Um die Abiturzeit herum hatte ich meine erste richtige Beziehung. Subjektiv war ich voller Liebe für ihn, aber objektiv muss ich sagen, dass das wahrscheinlich so nicht stimmte. Ich war vielmehr voller Panik, nicht liebenswert zu sein, und klammerte wie verrückt. Irgendwann fing auch er an zu klammern, bis ich dachte: »Was für eine Scheißbeziehung. Ich muss unbedingt weg hier!«

Um dem ultimativen »Ich glaube, wir passen nicht zusammen«-Gespräch aus dem Weg zu gehen, entwickelte ich eine tolle Methode: Ich zog in ein anderes Land. Wechselte sogar den Kontinent. Brillante Idee, nicht wahr? Damals war mir nicht klar, dass ich vor mir weglief. Es war eine Flucht, nichts anderes. Ich stand vor der Frage, was ich jetzt tun wollte, und konnte mir die Auszeit selbst ganz clever verkaufen. So ging ich nach Los Angeles, um meine Karrierechancen auszuloten. Ganz einfach.

Ich hatte ein mittelmäßiges Abitur und dazu ein gewisses kreatives Potenzial, wie ein unbestimmtes Kribbeln, das einen an irgendeiner Stelle juckt und zum Kratzen animiert. Da lag es für mich auf der Hand, Schauspielerin und Hollywoodstar zu werden. Logisch. Schließlich ging ich gerne ins Kino. Was mich in meiner Vorstellung auf jeden Fall dazu qualifizierte, war meine super Figur, ein einigermaßen wandelbares Gesicht, und außerdem hatte ich den Abigag mit bestimmt 1,3 Promille und ohne nennenswertes Drehbuch gewuppt. Also fing ich an, jedem, der mich nach meinen Berufswünschen fragte, zu antworten: »Hollywoodstar, was sonst.« Irgendwann glaubte ich sogar selber daran.

Das Problem war natürlich, dass ich in Hollywood niemanden kannte. Wie ich aus der BUNTE wusste, wohnten die meisten Stars aber sowieso nicht in Hollywood, sondern in einem Örtchen namens Beverly Hills. Wo das genau war? Schwer zu sagen. Da ich auf einer bilingualen Schule war und praktisch nur Französisch sprach, hatte ich von den USA nicht den blassesten Schimmer. Ich musste erst auf einer Karte nachsehen, und aufgrund der Entfernung war mir klar, dass der Spaß eine Menge kosten würde. Außerdem hatte ich außer der Fähigkeit, sehr schnell und ausdauernd rudern zu können, und einem Händchen für Biochemie nichts vorzuweisen, das man auf Autogrammkarten unter »Besondere Fähigkeiten« drucken konnte. In der *Mädchen* hatte nämlich gestanden, dass Hollywoodstars Ausbildungen in allen möglichen Dingen hatten, zum Beispiel in Tanz.

Ich sprach mit Mimi. »Ich hab doch das bronzene Abzeichen von der Tanzschule«, sagte ich. »Meinst du, das reicht?« Sie zuckte mit der Schulter. »Muss. Deutsche Präzision jedenfalls finden die Amis gut.« Tatsächlich hatte ein mit uns befreundeter Kunstschmied überlegt, seinen Betrieb an die Westküste der USA zu exportieren. »Die kaufen alles, was deutsches Handwerk ist.« Im Grunde war ich ja auch so etwas wie deutsches Handwerk! Ein zukünftiger Exportschlager. Ich fing an, engagiert für meine Zukunft zu arbeiten. Leider nicht so, dass ich weiteren Tanzunterricht oder etwa Gesangsstunden genommen hätte, sondern dass ich dienstag- und donnerstagnachmittags im Supermarkt Regale einräumte und Artikel mit Preisen bestanzte. »Frischetheke und Tiefkühl« war mein Bereich. Ich war gut darin, sogar so gut, dass ich irgendwann alle Preise auswendig konnte und meinen Freundinnen superschlaue Ratschläge geben konnte, wenn wir mal woanders einkaufen waren. »Nee, kauf das nicht«, sagte ich dann, »den Joghurt gibt es bei uns für zehn Pfennig billiger. Und wenn du noch eine Woche wartest, ist er sogar im Angebot, dann zahlst du nur die Hälfte! Schmeiß jetzt nicht das Geld zum Fenster raus, auch wenn du Hunger hast.« Ich kann, ich weiß nicht, ob ich es schon mal erwähnt habe, für die simpelsten Dinge sehr entflammen.

Jedenfalls war der Job im Supermarkt extrem gut bezahlt. 13 Mark 50 die Stunde, inklusive Weihnachts- und Urlaubsgeld, das es auch für Schüleraushilfen gab. Wenn wir an einem Tag über 100 000 Mark Umsatz machten, gab es eine Runde Sekt für alle. Ich war selten so motiviert. Irgendwann fing ich an, zusätzlich Samstagsschichten zu schieben und noch einen Job in einem Klamottenladen anzunehmen, indem es nur eine Sorte T-Shirts gab und den nie ein Kunde betrat. Dem Chef gehörte noch eine Badmintonhalle, und ich hatte immer das Gefühl, die Existenz des T-Shirt-Ladens war in erster Linie ein Vorwand, um irgendwelche Gelder hin und her zu schieben. Am Ende dieses Sommers hatte ich eine für mein jugendliches Alter riesige Menge Geld zusammengeackert, so acht- oder neuntausend Mark. Nur die Aussicht auf die Karriere eines Hollywoodstars lag immer noch in weiter Ferne.

Ich musste nach Los Angeles. Zu der Zeit war ich ungefähr so selbstbewusst wie ein Nacktmull, aber das hielt mich natürlich nicht davon ab, eine sehr große Welle zu machen. Ein Bekannter von mir war begeistert von meinen Plänen und wollte sich mir spontan anschließen. Also bat ich ihn, in Los Angeles eine Wohnung für uns zu suchen (ich wusste nicht, wie ich das hätte angehen sollen), und buchte meinen Flug für zwei Wochen später. Tatsächlich fand er auf die Schnelle eine Unterkunft in einem Zweizimmerapartment in Gehweite des Hollywood Boulevards mit noch drei anderen Mitbewohnern. In den Augen eines zukünftigen Stars war das mehr Slum als irgendetwas anderes, aber die Miete kostete mich lediglich 100 Dollar im Monat. Das lag auch daran, dass ich mit besagtem Bekannten ein Bett teilen musste – aus Platzgründen. Wenn man 19 ist und bis zu den Haarspitzen gefüllt mit absurden Ideen, macht das natürlich nichts.

Zuvor hatte ich in Sachen Karriere auch einen Reality Check gemacht, und zwar bei meinem Schuldirektor. »Wenn du das wirklich willst«, hatte er gesagt, »dann musst du Tag und Nacht dafür arbeiten und lernen, mit Ablehnung und Enttäuschung umzugehen.« Das klang in meinen Augen nicht sehr vielversprechend. Ich modifizierte ein wenig meine Pläne und beschloss, weniger Hollywoodstar als vielmehr Wrestlingmanagerin in der World Wrestling Federation zu werden.

Damals war ich nämlich tatsächlich großer Wrestlingfan, und Wrestlingmanagerin war eine Option, die mir durchaus lebenswert vorkam. Da gab es diesen einen Mann namens Paul Bearer, der einem Wrestler, der sich The Undertaker nannte, immer vornweg eine Urne zum Ring trug und den Rest der Zeit unverständliches Zeug brüllte und mit Klappstühlen warf. Ich stellte mir vor, in einem Dirndl unter dem Namen »The German Vermin« aufzutreten, die Haare in dicken Zöpfen hochgesteckt. Im Grunde war »Das deutsche Geschmeiß« der Wegbereiter für andere Wrestler wie etwa Dwayne »The Rock« Johnson, mit dem Unterschied natürlich, dass ich keinen einzigen Auftritt hatte.

Dann war ich tatsächlich in L.A. und es geschah folgendes: Der komische Typ aus dem T-Shirt-Laden schuldete mir noch 1 000 Mark Lohn. Das war eine Menge Geld, und so bat ich meine Mutter, vorstellig zu werden und es einzutreiben. Das tat sie auch, nur leider kam mir das Geld nicht so zu, wie ich es gehofft hatte. Anstatt es mir zu überweisen, kaufte sie sich davon ein Flugticket nach Los Angeles. »So hast du auch etwas davon«, sagte sie. Hätte ich protestieren sollen? Vermutlich. Habe ich aber nicht. Ich nahm es hin, ebenso wie ich hinnahm, dass sie nach drei Tagen verschwand, um irgendwelche entfernten Bekannten zu besuchen. Eine Woche später rief sie an und fragte: »Habt ihr am Samstag schon was vor?«

Dass in einer Partnerschaft die Wölkchen um einen herum nicht aus Zuckerwatte, sondern im Wesentlichen aus Fürzen bestanden, hatte ich schon begriffen. Eine Beziehung war offenbar nichts, was Freude bereitete, sondern eine endlose

Aneinanderreihung von Verletzungen, die sich nur darin unterschieden, dass sie von wechselnden Menschen ausgesprochen wurden. Ich flüchtete mich in eine Traumwelt. Wäre ich Schneewittchen gewesen, ich hätte das Zwergenhäuslein nicht mal verlassen, um einen Apfel entgegenzunehmen. Das letzte bisschen Optimismus ging zudem an jenem Samstag dahin, an dem meine Mutter beschloss, einen Mann zu heiraten, den sie praktisch nicht kannte, und uns zu der Feier einlud. Heute kann man mit so was im Fernsehen gutes Geld verdienen, aber damals war es einfach, na ja, schräg. Und ein bisschen verstörend. Es bedeutete nämlich, dass Beziehungen beliebig waren und sogar ein bisschen egal, weil am Ende ja doch immer dieselbe Scheiße herauskam.

Zum Glück weiß ich inzwischen, dass eine Beziehung eine tolle Sache ist und man die Liebe einfangen kann wie einen Schmetterling im Sommerwind. Die einzige Bedingung dafür? Na ja, du weißt schon.

Paula, da kann ich mitreden ...

»Ich hatte immer Männer, die versucht haben, mich kleinzuhalten. Als ich mal einen Karrieresprung machen wollte, sagte mein Ex, dass ich dann ja wohl überhaupt keine Zeit mehr für ihn hätte und ich mich ruhig schon mal nach einem anderen umsehen sollte. So wahnsinnig es klingt, ich habe mich tatsächlich gegen das Jobangebot entschieden. Kurze Zeit danach hat mich mein Freund verlassen. Ich sei ihm nicht stark genug, er würde sich eine andere suchen.«

Kathi, 37

»Wenn ich all die Stunden zusammenrechne, die ich darauf gewartet habe, dass mich irgendein Typ endlich anruft, komme ich bestimmt auf mehrere Monate. Selbst wenn ich unterwegs war, konnte ich an nichts anderes denken, hatte ständig ein Phantom-klingeln im Ohr. In den Jahren zwischen 18 und 30 habe ich sowieso sehr viel Zeit damit verschwendet, auf einen Retter zu warten. Das würde mir heute nicht mehr passieren. Wenn ein Mann mir gegenüber auch nur den Hauch von Desinteresse zeigt, ist er weg vom Fenster. Ich verschwende meine Zeit nicht mehr.«

Hannah, 33

»Am Anfang war er so charmant. Doch als er bei mir eingezogen war, ließ er alles sausen und verhielt sich wie die sprichwörtliche Made im Speck. Ich habe alles erledigt für ihn, einkaufen, Wäsche waschen und sogar die Jobsuche. Nebenher bin ich natürlich noch arbeiten gegangen. Als ich an Weihnachten bei meinen Eltern war, dachte ich, mich trifft der Schlag. Es platzte aus meiner Mutter heraus, dass sie sich ein völlig anderes Leben gewünscht und nun genug davon hatte, ständig meinen Vater bedienen zu müssen. Im Grunde hatte ich mir vor einem Jahr sein Abbild ins Haus geholt, nur eben in einer jüngeren Version. Ich bin nach Hause und habe den Typen aus meiner Wohnung gekärchert.«

Christina, 28

»Ich finde eine Frau, die ständig Bestätigung braucht, schnell lang-weilig. Ich meine, warum bin ich mit ihr zusammen? Wohl nicht, weil ich sie blöd finde. Wenn sie zu oft fragt, ob ich sie auch wirklich liebe, fange ich irgendwann selber an, daran zu zweifeln.«

Trevor, 32

»Ich habe meine Frau immer bewundert. Sie war schlauer als ich, schöner und gebildeter. Im Grunde konnte ich mir nicht erklären, warum sie aus ihrer Schar von Anhängern ausgerechnet mich ausgesucht hatte. Bei unserer Hochzeit war ich der glücklichste Mensch der Welt. Aber dann hatte ich ein paar Schwierigkeiten im Job und fing an, an mir zu zweifeln. Am Schluss war ich so weit, dass ich fast täglich zu ihr gesagt habe, sie solle sich doch etwas Besseres suchen, weil ich so ein Versager sei. Hat sie dann auch gemacht. Das war für mich der Warnschuss, den ich gebraucht habe. Heute bin ich glücklich mit mir selbst, auch weil ich aufgehört habe, mich ständig mit anderen Männern zu vergleichen. Ich bin schon gut, so wie ich bin.«

Patrick, 41

»Als ich unser erstes Kind bekommen habe, fing mein Mann an, sich von mir zu distanzieren. Ihm gefiel mein Bauch nicht, der sehr weich geworden war, und fand es unsexy, dass aus meinen Brüsten Milch kam. Irgendwann wollte er nicht mal mehr mit mir im Ehebett schlafen, weil er da nicht zur Ruhe kam, wie er sagte. Mir war schnell klar, dass er eine Affäre hat. Angesprochen habe ich ihn darauf aber nicht. Ich dachte, er muss sich sicher erst an die neue Situation gewöhnen – wenn ich jetzt Druck mache, ist er ganz weg. Das ging ungefähr zwei Jahre so. Ich wurde nur noch von ihm gefragt, was es zu essen gibt. Es war einfach schrecklich.

Ich hatte mich total auf Diät gesetzt, damit der Bauch weggeht,
aber als es tatsächlich besser wurde, ist es ihm nicht mal aufge-
fallen. Irgendwann kam er mal betrunken nach Hause und sagte,
er wolle keine Scheidung, aber er würde lieber bei seiner Freundin
wohnen. Am nächsten Tag aber konnte er sich angeblich nicht
daran erinnern. Er wollte sogar wieder Sex mit mir. Als ich wieder
schwanger wurde, war ich sicher, dass dieses Kind alles verändern
würde. Zwei Monate nach der Geburt hat er mich verlassen.«

Ria, 36

Ein guter Grund, der für eine Beziehung spricht

Manche glauben, eine Beziehung zu führen sei etwas, was sich
einfach gehört. Andere meinen, sie würden sich sonst langweilen. Wieder andere sind einfach nur an der sexuellen Ver-
fügbarkeit des anderen interessiert. Und manche können einfach nicht alleine sein. Es gibt unzählige Gründe, eine Beziehung
zu führen, aber es gibt nur einen richtigen Grund, in eine ein-
zusteigen. Und zwar, wenn du das Gefühl hast, dass diese
eine Person ein wirklich toller Mensch ist, dessen Art zu denken und seine Gefühle zu teilen mit der deinen korrespon-
diert. Der dich dazu bringt, an deiner Weiterentwicklung zu
arbeiten. Mit dem es auch mal knallt, aber an dem du nicht
irgendein Trauma abarbeiten musst oder eine Neurose. Es muss
ein Mensch sein, der dich auch dann nicht anekelt, wenn er
mal kotzt oder sonst wie krank ist oder ungeduscht. Den du
auch loslassen kannst, weil du ihm bedingungslos vertraust.

Und du musst dir nicht mal hundertprozentig sicher sein, dass ihr für immer zusammenbleiben werdet. Aber er muss dir Freude machen im täglichen Leben. Ein guter Freund hat mir mal gesagt: »Weißt du, woran ich merke, ob eine Beziehung für mich funktioniert? Wenn ich deutlich häufiger glücklich als unglücklich bin.« Die erste und wichtigste Voraussetzung, glücklich in einer Beziehung zu sein, ist die, dass du glücklich mit dir selbst bist.

Merke:
Kein Partner kann dich glücklich machen, wenn du dich selbst nicht magst. Aber du kannst dich glücklich machen, indem du übst und lernst, dich zu lieben.

Das Wichtigste dabei, eine Beziehung richtig zu führen, ist, dass du nicht von deinen Ängsten getrieben wirst. Wenn du mit der Einstellung »Er ist so toll, er wird mich bestimmt eines Tages betrügen und verlassen« in eine Partnerschaft gehst, ist das aus ganz vielen Gründen ziemlich schlecht. Erstens scheinst du der Überzeugung zu sein, nicht besonders anziehend auf deinen Partner zu wirken und vielleicht sogar etwas Unappetitliches an dir zu haben (warum sollte dann jemand mit dir zusammen sein?). Zweitens funktioniert die menschliche Psyche ganz prima nach dem Prinzip »Was ich oben reintue, kommt unten auch wieder raus«, genau wie dein Verdauungsapparat. Wenn ein Mensch ständig mit dem Verdacht

konfrontiert wird, dass er ein mieser Fremdgänger und Be-
trüger ist, ist er nicht nur irgendwann schwer enttäuscht von
seinem Partner, sondern wird mit ziemlicher Wahrscheinlichkeit alles daran setzen, diesen negativen Vermutungen zu
entsprechen, damit wenigstens dieser verdammte Druck auf-
hört!

Die Individualität eines Menschen spielt eine Menge fieser
Tricks, um das Match zu gewinnen. Du musst wissen, was
dein Ego will und was seine größte Angst ist, um es bezwin-
gen zu können. Stell dir dein Ego wie deinen fiesen Banknach-
barn in der Schule vor, diesen blöden Streber, der ständig alles
besser weiß und dir während eines Diktats zuflüstert: »Haha,
du bist ein Idiot, wenn du denkst, dass man Hühnerfrikassee
mit nur einem s und drei e am Ende schreibt.« Dein Ego ist
vielleicht größer, als es sein müsste, und sein größtes Bedürfnis ist es, immer recht zu haben. Es ist in allen Situationen
da, wo dir als Erstes »Na toll, ich habe gewusst, dass er mich
gar nicht mag« einfällt oder »Ist ja logisch, dass niemand mit
mir tanzen will, ich bin eben unattraktiv«. Im Grunde verhindert das Ego, dass du dich selbst sehen kannst, denn du
bist damit beschäftigt, dich der Wut und der zu erwartenden
Verletzung hinzugeben. Eine typische Situation wäre zum
Beispiel diese: Du wachst morgens auf, und es regnet. Ausgerechnet heute, wo du deine neuen Sneaker anziehen wolltest,
ist ja wieder mal klar. Auf der Arbeit bekommt überraschend
deine Kollegin das neue Projekt, und während du dich total in
die Frage hineinsteigerst, ob sie mit dem Chef gevögelt hat oder
nicht, sagt auch noch dein Date ab. Du kennst das Gefühl

schon: Nie, nie, aber auch wirklich niemals hast du Glück! Immer läuft alles falsch. Du hast nur Pech und bist so ziemlich die ärmste Sau im Stall.

Was ist passiert? Herzlichen Glückwunsch, du hast zugelassen, dass dein mangelndes Selbstbewusstsein dir den ganzen Tag verdirbt. Dein Ego hat alles daran gesetzt, zu beweisen, dass es anderen immer besser geht als dir. Wirklich, wie sollst du da jemals glücklich sein? Deine individuellen Vorstellungen auszuschalten bedeutet, radikal mit den Glaubenssätzen aufzuräumen, die dafür sorgen, dass du irgendein negatives Gefühl bestätigen musst oder dich von deiner Angst treiben lässt. Meistens hat das Ego recht überschaubare Futterkrippen. »Ich werde bestimmt verlassen«, »Ich bin nicht gut genug« oder »Ich kann das sowieso nicht« sind typische Sätze von Leuten, die ihrem Ego erlauben, dem prallen Leben im Weg zu stehen. Zwischen recht haben (dem Ego also die Bestätigung geben) und glücklich sein, ist aber ein riesengroßer Unterschied.

Den meisten Schaden richtet das Ego in Beziehungen an, wenn man sich nicht bewusst ist, wie sehr es einen lenkt.

Übung: Warum du eine Beziehung führst

Es gibt, wie gesagt, viele Gründe, eine Beziehung einzugehen. Schreib all deine ehemaligen Liebhaber, Partner oder auch nur Typen auf, in die du verknallt warst. Mach fünf dicke Spalten neben jedem Namen frei.

♡ In die erste Spalte schreibst du, was dir als Erstes an ihm aufgefallen ist. Worauf bist du angesprungen? Äußerlichkeiten? Seine Art zu lachen? Den Status?

♡ In der zweiten Spalte notierst du, was du dir von der Beziehung erhofft hast: Nicht mehr allein zu sein, ein Eheversprechen, damit ihn keine andere abkriegt, Rache am Expartner, den Richtigen zu finden etc. Bei Schwärmereien und Affären: Hast du gehofft, dass mehr daraus wird?

♡ In die dritte Spalte schreibst du, welches Feedback du bekommen hast. Wie hat der andere dich gesehen und beschrieben? Was hat er zu dir besonders häufig gesagt?

♡ In die vierte Spalte notierst du, was dich am anderen am meisten gestört hat und welche Eigenschaften dir am besten gefallen haben.

♡ Und in die fünfte Spalte schreibst du schließlich, warum die Beziehung gescheitert ist und wie sie beendet wurde. Warum du Abstand genommen hast. Warst du aktiv oder passiv? Hattest du ein schlechtes Gefühl? Wusstest du instinktiv, dass der Partner vielleicht nicht der richtige war? Wie ging es dir danach, wenn du das Ego beiseitelässt? Warst du erleichtert oder traurig? Wie einsam hast du dich gefühlt auf einer Skala von 1 bis 10? Nach vier Wochen? Nach zwölf Wochen?

Vorausgesetzt, du bist nicht vor Kurzem jungfräulich in deine allererste Beziehung gestolpert, kannst du hier vielleicht ein Schema erkennen, wenn du alle deine Geschichten miteinander vergleichst. Gerne kannst du mir dieses Schema auf Face-book oder über Twitter an *@PLambertBerlin* unter dem Hash-tag *#paulaliebtdich* schreiben.

Finde dich gut-Effekt:
Du kannst aufhören zu rennen, Hase. Guck dich stattdessen an, klopf dir den Staub aus dem Fell, und sag zu dir selbst: »Ich habe ein paar Macken, die ich aber auch nicht loswerde, indem ich wie ein tollwütiges Karnickel durchs Leben schieße. Die eine oder andere Macke kann ich sicher aber noch ein bisschen ausbügeln. Und das mache ich jetzt.«

Du liebst dich nicht genug, wenn du dein Leben mit »Sex and the City« vergleichst

Ich glaube, *Sex and the City* ist inzwischen so oft wiederholt worden, dass die meisten jede einzelne Folge so einigermaßen auswendig kennen. Wenn ich mir die Serie heute anschaue, wundere ich mich, wie spießig und tantig sie daherkommt. Und das liegt nicht mal an der brünetten Charlotte, sondern vor allem an der Protagonistin Carrie. Seien wir doch ehrlich, als Frau hat sie abgesehen von einer ansehnlichen Schuh- und Klamottensammlung nicht wirklich viel zu bieten. Klar, sie hat eine tolle Haarmähne und ist hübsch anzusehen. Mir reicht das nicht, und ich glaube, ich lehne mich nicht zu weit aus dem Fenster, wenn ich behaupte, dass das den meisten Männern auch nicht reicht. Teert und federt mich, aber ich kann mich nicht mal erinnern, dass Carrie sich für irgendwas wirklich begeistern kann. Stattdessen nölt sie ständig herum und überschüttet die Männer mit ihren Neurosen, bis die fast ersticken. Carrie Bradshaw ist eine süße, aber im Grunde völlig rückständige Tussi, trotz der eigenen Wohnung (in Manhattan! Wie kann sie die mit ein paar Zeitungsartikeln eigentlich finanzieren?) unemanzipiert bis ins Mark. Ich meine, welche vernünftige Frau zwingt einen Mann dazu, ihr zu versprechen, dass sie die eine für ihn sei, während er sie gerade zu einem schicken Trip nach St. Barth abholt? Das ist doch bekloppt! Statt ein bisschen im Meer zu plantschen, sitzt sie lieber schmollend auf den Treppenstufen und wundert sich, warum der Typ dann eine Frau heiratet, die zwar langweilig ist, dafür aber um ihren Wert weiß.

Neurosen sind nicht sexy. Eine Neurose bedeutet, dass ein psychischer Schaden nicht ordentlich verarbeitet wurde, der Mensch also eine Baustelle ist. Eine Baustelle sein ist völlig in Ordnung, solange das Wort »Baustelle« gut zu lesen ist, denn dann weiß man, woran man ist. Eine Neurose ist eine Baustelle, an der kein Warnschild hängt, weil die Bauleitung offenbar ein bisschen auf dem Schlauch steht.

Ich möchte niemandem absprechen, dass es durchaus Sinn macht, auf Mr. Big zu warten, denn am Ende wird schließlich geheiratet. Erinnerst du dich noch an den ersten Kinofilm, der ein paar Jahre nach der Eheschließung spielt? Da liegt Carrie von sich selbst und Mr. Big angeödet in ihrer feinen Wohnung und jammert herum, dass ihr Leben so langweilig geworden sei. Im Grunde ist sie das Paradebeispiel einer Frau, die sich selbst nicht liebt, zu wenige eigene Impulse hat und ständig darauf wartet, dass ihr das Leben die passenden Zauberschuhe vor die Füße setzt, mit denen alles leicht und fluffig bunt wird. Eine Beziehung ist aber nicht ein flotter Tanz in den Mai, sondern richtige Arbeit. Die meisten vergessen das, auch wenn man es ihnen hundertmal sagt, weil es in Hollywoodfilmen nie gezeigt wird. Ich war auch überrascht, als ich zum ersten Mal feststellen musste, dass der Mann, in den ich verliebt bin, im Schlaf furzt, Sachen herumliegen lässt und manchmal einfach unglaublich anstrengend ist.

Carrie ist die Frau, die erwartet, dass das Leben immer so weitergeht, und nicht bereit ist, auch nur einen Finger dafür zu krümmen. Ein kleines Problemchen gibt es mit Mr. Big natürlich noch. Er ist eine Illusion. Und zwar so groß aufgepumpt mit Hoffnung und der Erwartungshaltung, er möge »der eine« sein, dass er im Zweifelsfall ein klitzekleines bisschen Panik bekommt. Stell dir vor, ein Mann käme auf dich zu und würde dir sagen: »Du bist alles für mich. Du bist meine erste, beste und letzte Chance! Das mit uns darf einfach nicht scheitern.« Ganz ehrlich, ich würde rennen, was das Zeug hält. Aber ulkigerweise ist es genau das, was viele Frauen gerne tun. Sie sagen einem Mann, dass er der Einzige ist, und wundern sich, wenn er daraufhin in Ohnmacht fällt.

Wenn du mal überlegst, wie viele Paare du kennst, bei denen du sicher bist, dass ihre Beziehung für immer hält, und zwar ohne Abhängigkeit oder gegenseitige Ablehnung, und die nicht der Kinder wegen zusammenbleiben – wie viele sind das? Wenn dir zehn Paare einfallen, wie viele davon führen eine Partnerschaft, auf der in fetten Lettern EWIGKEIT draufsteht? Ich kenne vielleicht vier Paare, die in meinen Augen eine filmreife Beziehung führen und mit 80 noch gemeinsam im Mondschein tanzen werden. Nicht dass das nicht total wünschenswert wäre. Aber lass uns mal realistisch bleiben.

Erinnerst du dich noch an das erste Mal, als du so richtig verliebt warst? Hattest du da auch dieses Gefühl in der Brust, dass du nie, nie, nie wieder glücklich sein kannst ohne diesen Jungen? Und jetzt schau dich an! Obwohl du gedacht hast, dass du sterben wirst, wenn er mit seiner zarten, leicht schwitzigen Hand nicht mehr die deine hält, hast du überlebt und sogar noch ein paar Typen vernascht, die deutlich appetitlicher waren, stimmt's? Ewigkeit ist ein recht situationsbedingtes Empfinden, darum ist die Suche nach dem Partner, der einen für immer begleitet, eine ziemliche Illusion. Und wenn du einer Illusion hinterherrennst, ist die Chance, dass du sie nicht zu greifen bekommst, relativ groß.

Ich finde es besser, wenn man sich vornimmt, eine Partnerschaft einzugehen, *solange es sich gut anfühlt*. Das ist nur eine einfache Formulierung, aber sie nimmt den Druck aus der Angelegenheit. Niemand weiß, wohin du dich oder dein Partner sich entwickelt. Es kommt mir vernünftig vor, alle drei oder vier Jahre eine Evaluation der Beziehung vorzunehmen, um herauszufinden, ob das Leben, das man führt, einen überhaupt glücklich macht oder nur eine Projektion ist. Dabei geht es nicht um Optimierung oder die Jagd nach etwas Besserem, sondern allein darum, sich selbst und dem Partner die Gelegenheit zu geben, das Verhältnis zueinander zu reflektieren. Ich verteufle nicht die Ehe an sich, bin aber auch keine bedingungslose Anhängerin dieser Institution. Ich finde es zwar vernünftig, gemeinsam einen Rahmen abzustecken und Pläne zu schmieden, zum Beispiel um Kinder aufzuziehen. Aber der Glauben im Herzen, man müsse bei der Partnersuche den einen oder die eine finden, macht einem überflüssigerweise das Leben schwer. Mach dich frei von Druck und Erwartungen! Sag dir, dass du jemanden finden möchtest, der dein schönes Leben einfach noch ein bisschen auflockert. (Wobei du das schöne Leben wirklich spielend leicht auch ohne Partner leben könntest, weil du inzwischen weißt, dass du genau richtig bist. Ich sage das zur Sicherheit an dieser Stelle noch einmal.)

Finde dich gut-Effekt:

Das Leben ist keine Fernsehserie, so schön es manchmal auch wäre – es sei denn, man landet in Game of Thrones, dann wären die Jahre gezählt. Deine Erwartungen waren also vielleicht unrealistisch, aber das kannst du jetzt korrigieren. Das heißt natürlich nicht, dass du nicht trotzdem fabelhaft aussehen und dich schön stylen kannst! Such nicht nach dem einen, sondern suche nach dem für dich Besten in diesem Moment. Das reicht erst mal.

Du liebst dich nicht genug, wenn du ständig eifersüchtig bist

Ich habe dir schon weiter vorne von dem ungarischen Psychologen erzählt, der mir das Marmeladekochen beigebracht hat, und noch sehr viel mehr. Vor Jahren sprachen wir darüber, dass ich eifersüchtig war, weil mein Freund abends ausging und ich nicht mitkonnte. Ich saß zu Hause und musste arbeiten. Wie gerne hätte ich mich mit ihm amüsiert, getrunken und getanzt. Stattdessen brütete ich über einem Text, dessen Entstehung mir einfach nicht von der Hand gehen wollte. Je weiter der Abend voranschritt, und je verzweifelter ich versuchte, den Fortgang zu beschleunigen, desto negativer wurden die Gefühle in mir. Ich sah alle zehn Minuten auf die Uhr und regte mich auf, dass er noch immer nicht zurück war. Bestimmt tanzte er gerade mit irgendwelchen Miezen. Und knutschte mit ihnen. Ach was, er knutschte nicht nur, garantiert wurde auch gevögelt! Irgendwann lag er in meiner Fantasie unter einem Haufen Mädels, die alle so aussahen wie das Barpersonal im »Titty Twister« (allerdings in der Version vor Mitternacht), und feierte die größte Orgie seit Kaiser Caligula. Als er schließlich nichtsahnend nach Hause kam, pflaumte ich ihn an und beschimpfte ihn, den vermeintlichen Fremdgeher – und all das nur, weil ich mit meinem Text nicht vorankam und eigentlich auch lieber ausgegangen wäre.

Mein Freund war sehr überrascht über den Empfang, den ich ihm mitten in der Nacht bereitete, und auch ich hatte

Probleme mit der Heftigkeit meines Ausbruchs. Eifersucht ist ein sehr unangenehmes Gefühl, weil es die Kontrolle übernehmen kann und die betroffene Person zu einem willenlosen Roboter macht. »Eifersucht«, sagte mir der ungarische Psychologe, »ist kein Gefühl, das etwas mit Liebe zu tun hat. Denn wenn man liebt, wünscht man dem anderen automatisch das Bestmögliche. Er hat sich einen Abend lang amüsiert. Was kann es Schöneres geben?«

Eifersucht ist ein Gefühl, das sich nicht von Liebe, sondern von Angst ernährt. Ich lernte darauf zu achten, wann Gefühle der Eifersucht in mir hochstiegen und wie das versteckte Bedürfnis dahinter aussah. Wenn ich zum Beispiel völlig bescheuerte Anfälle von Sozialneid hatte, weil jemand einen tollen Urlaub machte oder sich einen wirklich funky Sessel gekauft hatte, war der Auslöser meines Ausbruchs immer mangelnde Anerkennung. Wenn ich eifersüchtig war, übrigens meist in Situationen, in denen ich Mühe hatte, eine anstehende Aufgabe zu erledigen (also ein Gefühl des kreativen Scheiterns erlebte), war meine dahinter liegende Furcht die, dass ich glaubte, nicht liebenswert zu sein (ich brachte ja nicht mal meine Arbeit zu Ende!). In allen Fällen hatten diese negativen Gefühle nichts mit anderen zu tun oder dem, was sie gerade taten, sondern immer nur mit mir selbst. Nachdem mir das klar wurde, habe ich gelernt, das Gefühl wahrzunehmen, es zu isolieren und liebevoll in die Kiste zu betten, in die es hineingehört. Irgendwann hörte die Eifersucht auf, mich zu belästigen, und ich kann dir nur raten, dich von ihr zu trennen. Sie ist nicht sexy und hat in einem glücklichen Leben nichts verloren.

Nehmen wir mal an, du bist ständig eifersüchtig. Vielleicht hast du einen besonders attraktiven oder intelligenten Partner, vielleicht aber auch einen dieser Jungs, die so lustig erzählen können, dass ihnen ständig irgendwelche Frauen an den Lippen hängen. So oder so, die Eifersucht ist da, und du wirst sie einfach nicht los. Du hast Sorge, dass dein Partner mit einer anderen Sex haben könnte. Klar, das ist theoretisch möglich, wenn du ihn nicht rund um die Uhr bewachst. Aber was hilft die Eifersucht dir? Wird er, wenn er wirklich so veranlagt ist, *deshalb* nicht mit einer anderen Frau schlafen? Noch nie, wirklich noch nie habe ich von jemandem gehört, der gesagt hätte: »Ach so, du bist eifersüchtig! Na dann vögle ich lieber nicht in der Gegend herum.« Eifersucht ist ein riesiger Energiefresser, und du solltest die Kraft lieber nutzen, dich selbst noch ein bisschen lieber zu haben.

Vor ein paar Monaten schrieb mich ein junger Mann an, dessen Karriere in diesem modernen Zwielichtswald von Instagram und Fernsehshows stattfindet. Er ist kein wahnsinnig reflektierter Mensch, und es ist leicht, sich über sein Leben lustig zu machen, weil er alles ins Rampenlicht zerrt. Wie sich herausstellt, glaubt er, dass diese Form der Selbstausbeutung seine einzige Chance ist, sich weiterzuentwickeln. Passend dazu verliebte er sich in eine Frau, die sich ebenfalls in dieser Welt bewegte und die wie er darauf spezialisiert war, bis zum Klogang alles öffentlich zu vermarkten. Sie litt unter krankhafter Eifersucht, die dazu führte, dass sie inzwischen jeden seiner Schritte kontrollierte. Vor Kurzem hat sie sogar begonnen, ihn körperlich anzugreifen und aus dem Nichts heraus zu schlagen, und er erreichte ein Stadium, in dem seine Freunde zu ihm sagten: »Du hast dich total verändert.« Eifersucht ist ein wirklich tödliches Gift für jede Beziehung. Denk immer daran, dass sie mehr über dich aussagt als über deinen Partner.

Finde dich gut-Effekt:

Nicht mehr eifersüchtig sein zu müssen setzt viel Energie frei für Positives! Außerdem ist ein Mensch, der weiß, wie gut er ist, überaus anziehend. Pack die Eifersucht also dahin, wo sie hingehört: in billige Schmuddelromane, die sich anmaßen, ihren Lesern Eifersucht als Leidenschaft zu verkaufen. Eifersucht hat jedoch mit Leidenschaft so viel zu tun wie Sahnetorte mit gesunder Ernährung.

Du liebst dich nicht genug, wenn du den Erstbesten für den Besten hältst

Früher hatte ich Panik, dass es wirklich überhaupt keine guten Männer mehr gibt. Die ganze Welt ist wie leer gefressen, irgendein paar Mistweiber haben sich alle guten Männer einverleibt und spucken sie einfach nicht wieder aus, so dachte ich. Das ist natürlich Blödsinn. Es sieht nur so aus, als würden sich die guten Typen vor den Frauen verstecken. Ich ahne auch, warum. Die Männer glauben, dass viele Frauen von ihnen enttäuscht sind. Und die Frauen finden, dass Männer tatsächlich eher eine Enttäuschung sind als irgendetwas anderes. Wir befinden uns in einer Zeit, in der Männer selber nicht genau wissen, wo sie eigentlich stehen und was sie ausmacht. Erschwerend kommt hinzu, dass wir Frauen inzwischen eine ziemlich genaue Vorstellung davon haben, wie ein Mann auszusehen und zu sein hat. Er muss Versorger sein, aber unabhängig, einen gepflegten Eindruck machen, aber auch so aussehen, als könnte er sich jederzeit Harz aus dem Bart wischen, er muss manikürte, aber vom Holzhacken schwielige Hände haben und strebsam sein, aber zugleich auch häuslich. Einigen wir uns doch der Einfachheit halber darauf, dass wir alle ein bisschen überfordert sind. Das Leben ist sehr schnell und sehr voll geworden, und wir haben keine Zeit mehr innezuhalten und ein bisschen zu verschnaufen. Seit es massenweise Dating-Apps gibt, ist zwar die Wahrscheinlichkeit, auch ohne Partner Sex zu haben, größer geworden, gleichzeitig aber ist der Druck weiter gestiegen. Wenn eine Frau heute sagt, sie habe keinen Partner, heißt es gleich von mindestens zehn anderen: »Aber warum meldest du dich nicht bei XY an? Da hatte ich neulich sooo einen schnuckligen Typen, der war richtig toll im Bett!« *Tommy78* oder *SexySid* tauchen abgesehen davon im täglichen Leben nicht weiter auf, aber frau darf heute nicht mehr ungebumst durchs Leben laufen, ohne sich sofort verdächtig zu machen. Wir machen uns also selbst den größten Druck.

Ich begrüße die neuen Möglichkeiten (Sex zu haben ist grundsätzlich immer besser), aber sie machen die Situation für die sowieso schon langwierige Partnersuche nicht unbedingt einfacher. Inzwischen hat fast jeder das Gefühl, ganz in der Nähe wartet noch ein viel, viel besserer Kandidat. Man kriegt dann so eine Art Wisch- und Klick-Krampf, und das Herz kann vor lauter Möglichkeiten nicht mehr erspüren, wo es sich überhaupt lohnen würde, Zeit zu investieren. Das moderne Dating-Dilemma der Frauen lässt sich in einem winzigen Dialog zusammenfassen.

Frau 1: »Wie läuft es denn mit diesem Agenturtypen?«
Frau 2: »Der braucht immer ewig, um zu antworten. Ich meine, spielt der ein Spielchen mit mir? Ist er nicht interessiert? Ich kapier's einfach nicht.«
Frau 1: »Scheiß auf ihn. Was ist mit dem Kerl von der Arbeit?«
Frau 2: »Der antwortet immer zu schnell auf eine Nachricht. Ein Freak. Überhaupt keine Spielchen und nichts. Das turnt mich total ab.«

Siehst du selbst, oder? In der Wahrnehmung vieler Frauen *kann* es gar keine richtigen Männer mehr geben.

Hilft Chatten bei der Partnerwahl?

Ich kenne viele, die finden eine Whatsapp-Unterhaltung aussagekräftiger und authentischer als ein echtes Gespräch. Schließlich fällt es einem dort viel leichter, alles herauszulassen, und man kann die Untertöne des Gesprächs sogar durch putzige Emoticons hervorheben. Was Emoticons angeht, bin ich übrigens eigen. Ich glaube, dass Menschen, die ständig Zwinkersmileys benutzen, irgendwie ... merkwürdig sind. Wäre ich Single, würde ich zum Beispiel nie mit einem Typen ausgehen, der hinter jeden Satz das Smiley mit dem irren Blick und der heraushängenden Zunge setzt. Was soll mir das sagen? Dass derjenige besonders pfiffig ist und dazu den Humor eines 13-jährigen Schülers hat? Aber vielleicht bin ich auch anders sozialisiert worden, keine Ahnung. Mir lässt eine korrekte Interpunktion immer noch mehr die Brüstchen schwellen als kleine gelbe Gesichter. Vorsichtig bin ich ja auch bei erwachsenen Männern, die jede Tätigkeit in einen völlig beknackten Sternchen-Modus setzen. Wenn ich in einer Konversation mit einem Mann *vor Freude tanz wie ein Äff-chen* lese, habe ich keine Lust ihn zu treffen, sondern ihm Gewalt anzutun. Manchmal reichen mir Freundinnen ihre Handys, und was ich da zu lesen bekomme, bestürzt mich sehr. Wirklich, welche Frau will mit einem Mann vögeln, der schreibt:

- ♡ *freufreu* Hoch die Hände Wochenende. Sex?
- ♡ Hey, hab gesehen, wir haben vor fünf Monaten gematched. War auf Geschäftsreise. Bock?
- ♡ Wenn du deine Erwartungshaltung senkst, könnten wir uns mal treffen.
- ♡ Mein Name ist Benedikt. Genau wie der alte Papst. Ich bin steinreich und katholisch und trage keine Kondome.
- ♡ Du bist perfekt. Sogar die Art, wie du meine Nachricht ignorierst, ist perfekt.

♡ Ich bin total außerhalb deiner Liga, treffe mich aber
   trotzdem mit dir.

♡ Bitte schlaf mit mir, bittebittbitte. Ich habe ewig keinen
   Sex mehr gehabt. Bitte erweise mir die Ehre, mit mir Sex
   zu haben.

♡ Hey, ich heiße Chris. Du bist eine sehr schöne Frau! Darf
   ich fragen, wie groß und hüpfend dein Arsch und deine
   Titten sind? Keine Respektlosigkeit, ich will nur die tauben
   Nüsse aussortieren. Hoffe, bald von dir zu hören! :):)

Ich will jetzt nicht unnötig herumkritteln, die Leute können
tun, was sie wollen. Aber in Sachen Tinder & Co. ist es eine
der leichteren Übungen, sich selbst mit ein bisschen Achtung
zu begegnen, indem man sagt: »Unter diesem Niveau mache
ich es einfach nicht«. Viele Frauen und Männer tauchen in
der Dating-Welt herum wie Pottwale, denen eine Menge von
diesen Barten fehlen, die eigentlich nur den feinsten Krill
durchlassen sollen. Stattdessen klaffen da riesige Lücken im
Maul, die Schuhen, Plastiktüten, Haien und sogar ausgedien-
ten Kühlschränken Einlass gewähren. Anders gesagt: Zu viel
Flexibilität beim Dating ist nicht sehr clever. Wenn ich jeden
Typen in Erwägung ziehe, nur weil er einen Penis hat, ist es
logisch, dass ich irgendwann das Gefühl habe, da draußen laufen nur Idioten herum.

Wichtig ist also, vorher die Barten auf Vollständigkeit zu
überprüfen und dann erst loszuschwimmen. Von einem in-
takten Bartensatz kannst du ausgehen, wenn du wie Mimi es
schaffst, die üblen Kerlchen schon auf den ersten Blick auszu-

sieben. Nun ist meine Freundin ja so etwas wie der Darwinistische Prüfstein für die männliche Überlebenstüchtigkeit. Sie ist ein bisschen verhärtet, geht aber offen damit um und fährt mit ihrer *Survival of the Fittest*-Strategie ganz gut. Mimi würde niemals einen Typen daten, der ihr Vorwürfe wegen ihrer Figur macht, der Versprechen nicht hält oder dem die BH-Größe wichtiger ist als Seelentiefe und Intellekt. Und das solltest du auch nicht. Um es mit Mimis Worten zu sagen: »Wenn du mir blöd kommst, mache ich mir aus deinen Hoden Eierwärmer.«

Nehmen wir an, du bist zu einem Date verabredet. Vom Foto her gefällt dir der Typ sehr gut, aber sobald du ihm zum ersten Mal gegenüberstehst, hast du ein komisches Gefühl. Kein Angst einflößendes »Er wird mich gleich betäuben und in seinen Kofferraum werfen«-Gefühl, sondern eher so ein diffuses, unwohles Flimmern in der Magengegend, das dir andeutet, er möge vielleicht einer sein, der Freude dabei empfindet, Frauen so ein ganz klein bisschen über die Klinge springen zu lassen, indem er sie grundsätzlich nie zurückruft oder ausschließlich viergleisig fährt. Wie du es gewohnt bist, schiebst du das Gefühl zur Seite und sagst dir, dass du sicher nur aufgeregt bist. Und der Abend verläuft wirklich super! Er ist ganz lustig (vor allem, nachdem er zwei, drei Gläser Wein getrunken hat), führt ein spannendes Architektenleben und scheint wirklich interessiert zu sein, denn er hat immerhin zweimal nachgefragt, was du sonst so machst. Als du nach Hause gehst, bist du aufgekratzt und denkst, dass du immer schon einen aufstrebenden Architekten als Freund haben wolltest und dass er sich mit Wein super auskennt, denn er konnte die Auswahl auf der Karte genau einschätzen (und fand sie mangelhaft). Vielleicht ist er ja genau der Richtige!

Das Einzige, was dich stutzig gemacht hat, ist, dass er dir ins Gesicht gesagt hat, du bräuchtest mal wieder einen vernünftigen Haarschnitt. Daraufhin hast du nicht mehr aufgehört, an deiner Frisur herumzuzupfen, und warst nicht mehr richtig bei der Sache. Dennoch schreibst du ihm eine Nachricht und bedankst dich für den schönen Abend. Du lässt sie enden mit den Worten: »Ich würde mich freuen, wenn wir uns wiedersehen könnten.« Anschließend wartest du eine Nacht und einen halben Tag auf seine Antwort. Als am nächsten Tag das Display deines Handys aufblinkt und die Worte »Klar. Wann?« auftauchen, denkst du, dass du vielleicht bald schon die glücklichste Frau der Welt sein wirst.

Ich frage mich nur, warum.

Diese Situation hat meine Freundin Anna erlebt. Sie hat uns tagelang mit dem üblichen Gerede genervt (Warum ruft er nicht an? Wird er überhaupt anrufen? Hat er sein Telefon verloren? Findet er mich nicht toll?), bis ihr klar wurde, dass sie a) den Typen eigentlich gar nicht besonders mochte, und zwar b) völlig zu Recht. Erstens ist der Mann ohne Alkohol im Blut unfassbar langweilig, zweitens ist er ein Architekt, dessen Hauptvision darin besteht, Großstädte mit öden Betonwürfeln zuzumauern, und drittens ist er ein elender Klugscheißer, der mehrfach die Kellnerin korrigiert und über ihre partielle

Unwissenheit gelacht hat. Und viertens hat er sich nicht die Bohne für Anna interessiert, sondern nur deshalb zweimal gefragt, was sie so macht, weil er es nach dem ersten Mal vergessen hatte. Anna war so besessen davon, endlich einen Partner zu finden, dass sie bereit war, ihre eigenen Instinkte zu überstimmen. Und das ist nie richtig, aber am fatalsten ist es bei der Partnersuche.

Paula, da kann ich mitreden ...

»Ich war mit dem Kerl vier Monate zusammen und hatte das Gefühl, es wird langsam ernst. Wir haben uns bestimmt vier-, fünfmal die Woche gesehen. Dann, von einem Tag auf den anderen, hat er sich nicht mehr bei mir gemeldet. Ist nicht ans Telefon gegangen und hat weder auf E-Mails noch auf SMS reagiert. Knapp zwei Wochen später habe ich ihn in seiner Stammkneipe aufgestöbert. Er sagte: ›Dass dir das nicht peinlich ist, mir so nachzulaufen.‹ Das Schlimmste ist, dass ich schon eine Woche nach unserem Kennenlernen ein komisches Gefühl hatte. Er wirkte wie ein Arschloch, aber ich dachte, dass er sich nur hinter seiner Unsicherheit versteckt. Falsch gedacht, er war einfach ein Arschloch.«

Fiona, 26

»Meine Freunde mochten sie nicht, das hätte mir schon Warnung genug sein sollen. Wenn wir aber alleine waren, war sie wirklich ganz süß, wenn auch irgendwie überdreht. Vielleicht hat mich auch der Sex getäuscht, der war großartig. Nach ein paar Wochen fing sie an, mich ständig anzurufen, wenn ich mit meinen Jungs unterwegs war.

Sie hätte ihren Schlüssel vergessen, da wäre ein Typ auf der Party, der sie nicht in Ruhe lassen würde, ihre Oma sei krank geworden. Nichts von dem stimmte, sie wollte mich einfach nur fertig machen. Es dauerte noch ein paar Wochen, bis ich sie endlich losgeworden bin.«

Tommy, 31

»Schon bei der ersten Verabredung machte er Bemerkungen über mein Kleid. Er fand es zu bieder, zu hochgeschlossen, ich sollte doch meinen Körper mehr zeigen. Das schmeichelte mir. Ich fing an, mich gewagter anzuziehen, aber er machte mich auch mit anderen Klamotten weiter runter. Manchmal fand er mich nun wieder zu aufreizend gekleidet, die Hose war zu eng, der Ausschnitt zu tief. Es hat Monate gedauert, bis ich gemerkt habe, was das mit meinem Selbstvertrauen gemacht hat. Ich laufe immer nur in Jeans und T-Shirt rum, darin fühle ich mich am sichersten. Der Typ hat eine neue Freundin. Sie läuft herum wie ein Las Vegas-Showgirl. Mal sehen, wie lange sie durchhält.«

Jessie, 24

»Sein Online-Profil war der Wahnsinn, sein Auftreten war perfekt, und ich war hin und weg. Er interessierte sich für genau die gleichen Dinge wie ich und las exakt die gleichen Bücher. Seine Familiengeschichte war ähnlich, bei ihm konnte ich mich so richtig ausheulen, und er sich bei mir. Dumm nur, dass alles erstunken und erlogen war. Später erfuhr ich, dass er das immer so machte. Er sucht sich ein Mädchen aus, kopiert ihre Geschichte und gibt sich dann als Seelenverwandter aus. Ich hätte auf meine innere Stimme hören sollen, die sagte mir, dass das alles zu gut ist, um wahr zu sein.«

Simone, 38

Wenn du dich selbst gut findest, passieren dir solche Situationen nur noch selten oder gar nicht mehr. Ich muss immer noch an diesen Typen denken, mit dem ich vor über 15 Jahren mal ausging. Wir hatten vorher ein paarmal miteinander telefoniert, und ich war von seiner Stimme begeistert gewesen – sie klang nach warmem Karamell, buttrig, süß und voll. Aber dann, als er mir die Tür öffnete, trat ich instinktiv einen Schritt zurück, weil er eine wirklich grottige Ausstrahlung hatte. Einfach grässlich! Damals hätte ich mich nie im Leben getraut, ihm zu sagen: »Ich fühle mich gerade, als hätte sich mir eine modrige Kellertür geöffnet. Ich glaube, wir sollten das hier gleich abbrechen.« Hätte ich aber machen sollen. So unangenehm der Abend angefangen hatte, so grauenvoll ging er weiter. Er führte mich wie ein Zirkuspferd durch sämtliche Stammkneipen und korrigierte mich vor seinen Bekannten, wenn ich den italienischen Namen eines Lebensmittels oder einer Schauspielerin nicht richtig aussprach. Anstatt ihm eine zu ballern, ging ich mit ihm ins Bett. Weil ich mir selbst nichts wert war, fiel es mir leicht, mich selbst durch diesen Akt total zu demütigen. Vielmehr hätte ich meine Ehre verteidigen und ihm sagen sollen: »Entschuldige, aber du bist mir echt zu blöd. Ich gehe jetzt.« Der Typ war nicht nur äußerlich sehr unattraktiv, sondern auch noch unglaublich hässlich im Inneren, und dennoch brauchte ich gute zwei Wochen, bis ich einsah, dass er nicht der Mann meiner Träume war. Zwei Wochen! Ein geübtes Herz braucht für diese Erkenntnis vielleicht vierzig Sekunden, und darum ist es sehr wichtig, dass du die Selbstliebe auch in Sachen Dating trainierst. Damit sparst du dir wertvolle Lebenszeit. Heute würde der Typ es nicht mal aus der Haustür heraus schaffen, bevor ich auf dem Absatz kehrtmachen und an einen Ort gehen würde, wo es warm, schön und freundlich ist.

Übung: Die schlechten ins Kröpfchen, die guten ins Töpfchen

Wenn du Single bist, ist diese Übung goldrichtig für dich. Manche Frauen (und Männer) sind sich unsicher, ob sie ihren Gefühlen trauen können oder ob sie einfach nur nervös sind beim Dating. Diese Instinkte kann man aber trainieren. Wenn du dafür im echten Leben üben willst, ist das überhaupt kein Problem. Es gibt sehr viele merkwürdige Menschen da draußen, darunter auch solche, die dir auf den ersten Blick gar nicht auffallen würden. Diese Übung kannst du nur machen, wenn du Zeit und Ausdauer und Nerven wie Stahlbetonpfeiler hast. Verabrede dich mit so vielen verschiedenen Männern wie möglich. Sie sollten alle ungefähr einer Altersgruppe entstammen, die deiner Vorstellung entspricht, und idealerweise dein Bildungsniveau haben. Ansonsten kannst du machen, was du willst. Such dir selbstverliebte Macker, schüchterne Buchhalter, aufgepumpte Muskelprotze oder abgebrühte Zocker aus, die aussehen, als wären sie dem »Für immer Jungfrau«-Club beigetreten. Lass die Männer das Lokal oder den Ort auswählen, an dem ihr euch trefft, und überlass ihnen auch sonst die Abendgestaltung. Auf diese Weise wird es noch interessanter! Während die Kerle noch überlegen, ob sie dich in ihre Kneipe mitnehmen können oder nicht, achtest du bitte ausschließlich darauf, wie du dich fühlst und wie sie dich behandeln.

Mach dir im Kopf eine Checkliste:

- ♡ Fühle ich mich wohl in dem Moment, in dem wir uns das erste Mal begegnen?
- ♡ Was für einen Eindruck macht er? Schüchtern, aufgeregt, selbstbewusst? Wie fühle ich mich damit?
- ♡ Ganz objektiv betrachtet: Wie sehr entspricht seine Vorstellung einer guten Zeit meiner eigenen?
- ♡ Ist er wirklich interessiert und stellt mir Fragen oder redet er den ganzen Abend nur von sich?
- ♡ Entwickelt sich eine spannende Diskussion, oder ist die Unterhaltung mühevoll? Hält er auch andere Meinungen aus?
- ♡ Wie geht er mit dem Barpersonal um? Ist er freundlich oder herablassend?
- ♡ Ist er mir gegenüber aufmerksam?

Und so weiter. Du kannst dir tausend solcher Fragen aufschreiben, wichtig ist nur, dass du sie auch beantwortest, und zwar am besten schriftlich. Auf diese Weise kannst du ein paar Tage später noch einmal draufschauen und prüfen, ob deine Notizen wirklich der Realität entsprechen. Hast du dich wohlgefühlt, oder wolltest du dich nur wohlfühlen, weil er vielleicht der Märchenprinz ist? War die Unterhaltung flüssig oder in Wahrheit ein ziemlicher Krampf? Wichtig ist, dass du offen bleibst für Männer, die eigentlich durch dein Raster fallen würden. Wenn du ein paar Dates hinter dir hast, solltest du dir deine Notizen noch mal ganz genau anschauen. Mit welchem Mann hast du dich am wohlsten gefühlt? Gibt es eine Tendenz zu einem bestimmten Typ hin? Und wie gut bist du aus den Verabredungen wieder herausgekommen? Hattest du das Gefühl, du möchtest dich wieder mit ihm verabreden, oder warst du zu schüchtern, Nein zu sagen und musstest dir eine blöde Ausrede für das nächste Mal ausdenken? Schreibe auf, welche Art Mann dir gutgetan hat und welche gar nicht. Die Chancen stehen nicht schlecht, dass du anschließend dein Männerideal noch mal überdenken musst. Und das ist gut!

Finde dich gut-Effekt:

Du weißt jetzt also, wo das für dich erträgliche Mindestniveau liegt. Darunter machst du es nicht mehr. Mit einem Menschen zusammen sein zu wollen, der dich eigentlich nicht glücklich macht, ist so, als würdest du dir den Fuß abhacken, weil du es diese Woche nicht zur Pediküre schaffst. Toll, dass du jetzt eine Entscheidung für immer triffst.

Du liebst dich nicht genug, wenn du dich ständig betrügen lässt

Ich bekomme sehr viele Zuschriften, die mit den Worten »Eigentlich liebt er mich, aber ...« anfangen. In der Liebe gibt es kein »Eigentlich«. Eigentlich liebt er dich, aber er muss seine Aggressionen an dir ablassen, weil er sonst kein Ventil findet? Eigentlich liebt er dich, aber er muss sich vor seinen Freunden immer lustig über dich machen, weil er zu unsicher ist? Vergiss es. Das Gleiche gilt für Leute, die ihr Selbstbewusstsein aufmöbeln müssen, indem sie ständig mit anderen Leuten ins Bett gehen.

Ich glaube nicht, dass es uns liegt, in der totalen Monogamie zu leben. Es kann passieren, dass man in Momenten der völligen Begeisterung oder der absoluten Niedergeschlagenheit sich einem anderen Menschen mehr zuwendet als dem eigenen Partner. Das fühlt sich vielleicht nicht toll an, aber es gehört nun mal zum Menschsein dazu, Fehler zu machen. Es passiert, dass einem der Schwanz ausrutscht, wie man so sagt. Und man kann sich hinterher Gedanken darüber machen, warum das passiert ist, und natürlich auch ellenlange Vorwürfe, sei's drum, es ist passiert, und es hat wirklich nichts bedeutet. Wenn die Beziehung an sich intakt ist, können beide gemeinsam daran arbeiten, dass die Kommunikation wieder besser läuft, aber bitte, bitte schmeiß nicht wegen einer idiotischen Fehlleistung die ganze Partnerschaft weg.

Anders ist es, wenn das Betrügen zu einem festen Bestandteil in der Beziehung wird. Eine Frau namens Sarah schrieb mir dazu Folgendes:

»Liebe Paula,

eigentlich weiß ich, dass mein Freund mich liebt. Aber manchmal betrügt er mich, und jedes Mal, wenn ich dahinterkomme,
denke ich darüber nach, ihn zu verlassen. Sein Verhalten macht
mich echt unglücklich. Manchmal sage ich es ihm auch, und
dann fängt er an zu weinen und verspricht mir, dass es nie
wieder vorkommt. Er kann sich auch nicht erklären, warum
das immer wieder passiert. Er schwört, dass ich die Einzige bin,
mit der er zusammen sein will, und ich glaube ihm das auch.
Mein Freund hatte eine sehr schwere Kindheit, vielleicht liegt es
daran, denke ich manchmal. Der Vater hat die Familie verlassen,
als er noch ein kleines Kind war, und sich danach nicht mehr
richtig um ihn gekümmert, deshalb braucht mein Freund so
unheimlich viel Bestätigung. Er sagt zum Beispiel, dass er mich
immer noch sehr attraktiv findet. Hast du eine Idee, wie ich
ihm helfen kann?«

»Liebe Sarah,

wie wäre es hiermit: Du trennst dich von ihm und gibst ihm
ein bisschen Raum, darüber nachzudenken, ob er wirklich weiß,
was Liebe ist. Viel wichtiger ist aber die Frage, ob du es weißt?
Es kommt mir nämlich so vor, als würdest du eine Menge ein-
stecken, nur um an einer kranken und ungesunden Beziehung
festzuhalten. Und nein, ich rede nicht nur von der Beziehung
zu deinem Freund. Wie es aussieht, glaubst du, dass du es nicht
verdient hast, in einer fairen Partnerschaft zu leben – und es
klingt nicht so, als hättet ihr euch auf eine offene Beziehung
geeinigt, oder? Stattdessen fragst du sogar, wie du ihm helfen

kannst. Du musst ihm aber nicht helfen, denn er ist ein erwach-
sener Mann und trifft die Entscheidungen in seinem Leben selbst.
Dazu gehört auch, dass er mit anderen Frauen ins Bett geht.
Das wäre okay, wenn er eine Amöbe ohne Hirnaktivität wäre,
denn dann kann er wirklich nichts dafür. Jeder mündige
Mensch, der in der Lage ist, sich selbst anzuziehen und zur
Arbeit zu gehen, ist auch in der Lage, die Verantwortung für
eine Beziehung zu tragen. Ich sage ja nicht, dass das leicht ist.
Aber wenn du dieses komplizierte Verhältnis eingehst, dann
unterschreibst du damit auch, dafür zu sorgen, dass dem
anderen keine Schmerzen zugefügt werden, die aus deinem
bewussten Handeln entstehen. Wer liebt, tut dem anderen nicht
bewusst weh, aber das ist leider genau das, was dein Freund
mit dir macht. Was mir aber noch viel größere Sorgen macht,
ist die Selbstverständlichkeit, mit der du dieses Verhalten mit-
trägst. Dein Freund ist wie ein Kind, das ständig Fensterscheiben
einschmeißt, aber keinerlei Konsequenzen dafür zu tragen hat.
Was kann das arme Kind auch dafür, dass es so eine Leiden-
schaft für Steine hat? Du fragst mich nach meinem Rat.
Mein Rat lautet: Verschwinde aus dieser Beziehung, bevor
sie dich völlig zerstört. Du hast etwas Besseres verdient. Vor
allem aber hast du verdient, von dir selbst besser behandelt
zu werden.

    Alles Liebe, Paula«

Menschen wie Sarah sind das, was man beziehungssüchtig
oder emotional abhängig nennt. Sie nimmt sich als vollkommen selbstlos wahr und richtet ihr ganzes Sein nach dem

Wohlgefühl ihres Partners aus. Je schlechter er sie behandelt, desto stärker wird ihr Wunsch, ihn zu heilen oder retten zu müssen.

Ich möchte wetten, dass sie von ihm eher Sex als Liebe und Zuwendung bekommt, dass sie ihre eigenen Freunde und Hobbys zu seinen Gunsten aufgegeben hat und dass sie ihre negativen Gefühle und Gedanken als »nicht so schlimm« abtut. Möglich wäre, mit dem Partner daran zu arbeiten, aber er klingt nicht so, als wäre er der reflektierte Typ. Die Sache ist an sich einfach zu klären: Zwei Menschen mit einem kranken Beziehungsverhalten können keine gesunde Partnerschaft zusammen aufbauen, zumindest nicht ohne Hilfe.

Als ich jung war, so zwölf oder dreizehn Jahre alt, gab es einen Bestseller in der Frauenliteratur, ein Buch von Robin Norwood mit dem Titel *Wenn Frauen zu sehr lieben. Die heimliche Sucht, gebraucht zu werden* (Rowohlt, 1986). In dem Buch geht es darum, dass Frauen häufig Beziehungen zu Männern führen, in denen sie sich bis zur Selbstaufgabe verzehren und die Qualität ihrer Liebe daran messen, wie sehr sie ihnen Schmerzen bereitet. Gemessen an den Verkaufszahlen scheint es sehr, sehr vielen Frauen so zu gehen. Natürlich lag das Buch auch bei uns zu Hause herum. Ich war zu jung, um zu verstehen, worum es geht und welche Zerstörungskraft falsch gelebte oder eingebildete Liebe hat – obwohl ich es ja im täglichen Leben aus erster Hand mitbekam. Aber während ich dann doch mal darin las, spürte ich, dass Beziehungen eine wirklich komplizierte Sache zu sein schienen. »Wir verstanden uns eigentlich nie gut. Immer stimmte irgendetwas nicht, und ich versuchte dann, es in Ordnung zu bringen. Wenn ich mit ihm zusammen war, fühlte ich mich ständig angespannt, und halbwegs gut ging es mir nur, wenn diese Spannung zwischendurch etwas nachließ: Das hielt ich dann schon für Glücklichsein.« Oder: »Ich nahm ihn in meine Arme; er weinte und beteuerte, er müsse ein Narr gewesen sein, als er von mir wegging. Diese Versöhnungsszenen dauerten jeweils eine Nacht. Danach begann wieder alles auseinanderzufallen, obwohl ich meine gesamte Energie darauf verwandte, ihn so glücklich zu machen, dass er mich nicht noch einmal verließ.« Das macht einem nicht gerade Hoffnung. Zum Glück las ich als Ausgleich eine Menge romantischer Kitschbücher, sodass ich schlussendlich doch wieder an den Märchenprinz glauben konnte, der nach einer Menge abenteuerlicher Wendungen und Wirrungen zu mir kommen würde.

Aber mal im Ernst, wenn du oder eine Freundin in so einer Beziehung steckt oder du wieder und wieder an Männer gerätst, die dafür sorgen, dass du dich komplett selbst verlierst, wird es dringend Zeit, etwas daran zu ändern. Eine gute Möglichkeit ist es – neben den üblichen Therapieformen – zu den »Co-Dependents Anonymous« oder kurz CoDA zu gehen. Das englischsprachige Programm für Anonyme Co-Abhängige gibt es derzeit vor allem in Großstädten. Es funktioniert nach dem gleichen Prinzip wie die Anonymen Alkoholiker. Dabei geht es darum, vereinfacht gesagt, sich innerhalb der Gruppe seines Problems bewusst zu werden und es in einem zwölfstufigen Programm in den Griff zu bekommen. Ich finde es deshalb so gut, weil es die Süchtigen (und auch Beziehungen können zur Sucht werden) aus der Isolation einer Therapeutenpraxis herausnimmt und ihnen die Gewissheit gibt, dass sie nicht alleine mit ihrer verfahrenen Situation sind.

Du kannst dir das CoDA-Handbuch auch bestellen und erst einmal so darin lesen. Es ist voll von nützlichen Checklisten und Erkennungsmerkmalen, bitte lass dich nicht von der sehr spirituellen Formulierungsweise abschrecken. Die Texte kreisen vor allem um den Hunger nach Liebe und Zuwendung, ganz egal, ob es ein Schrei nach bedingungsloser Liebe ist, das Betteln um Respekt, Fürsorge, Akzeptanz oder einfach dem Bedürfnis, so etwas wie Glück zu empfinden. Wie bei einer Drogensucht kann nämlich die Suche nach Liebe zu einer Gier werden, und das scheinbare Wohlgefühl, die Pseudo-Sicherheit und die rauschhafte Gefühlswelt, die man da erlebt, ist genauso Illusion wie ein LSD-Trip.

Die Chancen, dass du beziehungsabhängig bist, liegen ganz gut, wenn du folgende Fragen mit Ja beantworten kannst.

♡ Kontrollierst du andere, um deine Ängste leichter oder kleiner zu machen?

♡ Lässt du zu, dass andere dich kontrollieren, weil du Angst davor hast, sie könnten dich beleidigen oder vernachlässigen?

Oder überlege dir, wie du hierauf antworten würdest:

♡ Passt du dein Verhalten an das der anderen an?
♡ Bewertest du deinen Wert als Mensch anhand des Urteils anderer?
♡ Gehst du anderen aus dem Weg, um dich sicherer und besser zu fühlen?

Die Probleme sind immer die gleichen: Wenn Menschen Angst haben, nicht genug wert zu sein, dann werden sie entweder kontrollierend, indem sie sich Situationen aussetzen, in denen der andere das Problem ist. Oder sie ziehen sich ganz zurück und vermeiden jede Form von Auseinandersetzung.

Mit einem Menschen in irgendeiner Form von Abhängigkeit zu leben, ist selbstzerstörerisch. Falls du betroffen bist, sag dir jeden Tag mindestens zehnmal, dass du ein besseres Leben verdient hast. Und dann hol dir Hilfe. Wenn du niemanden hast, dem du dich in deinem privaten Umfeld öffnen kannst, dann schreib mir.

Finde dich gut-Effekt:
Liebe deinen Nächsten wie dich selbst. Aber dich noch mehr!

Du liebst dich nicht genug,
wenn du unbedingt heiraten willst

Hä? Seit wann das denn? Heiraten ist doch das Fest der Liebe schlechthin! Schon klar. Aber man kann aus den richtigen Gründen heiraten oder aus den falschen. Aus den richtigen Gründen zu heiraten wäre:

♡ Ich will ein Zeichen der Verbundenheit setzen
♡ Ich platze fast vor Liebe und muss unbedingt ein Riesenfest veranstalten
♡ Ich will rechtlich abgesichert sein, falls mal einer von uns krank wird oder stirbt
♡ Ich finde heiraten einfach schön
♡ Ich will Gottes Segen (gilt aber nur, wenn du wirklich an Gott glaubst, und nicht, weil Oma sonst einen Herzinfarkt kriegt)

Aus den falschen Gründen zu heiraten sieht so aus:

♡ Ich heirate, damit er nicht mehr weglaufen kann und mir für immer gehört
♡ Einmal ein weißes Kleid zu tragen gehört einfach zum Leben einer Frau dazu
♡ Ich will unbedingt eine Party machen und zwinge so meinen Vater, alles zu bezahlen
♡ Ich glaube, dass alles gut wird, wenn wir heiraten
♡ Meine Eltern wollen das so

♡ Seine Eltern wollen das so

♡ Er will das so

♡ So macht man das eben

♡ Ohne Trauschein zählt eine Beziehung nicht richtig

♡ Wenn er mich wirklich liebt, dann heiratet er mich auch

♡ Dann muss er im Fall der Trennung wenigstens richtig blechen, der Arsch!

Ich will jetzt nicht irgendjemanden anprangern, aber ich bin gespannt, aus welchen Gründen du oder die Leute in deinem Freundeskreis so geheiratet haben. Es kann sein, dass ihr alle super Gründe für die Hochzeit hattet, und das würde mich sehr freuen. Es kann aber auch sein, dass die Gründe nicht so toll waren.

Seit ich ein kleines Mädchen war, habe ich davon geträumt, zu heiraten. Wenn ich mich recht erinnere, habe ich als Kind so ziemlich jeden Mann gefragt, ob er mich heiraten will, was teilweise für große Verwunderung gesorgt hat. Neulich habe ich in einer alten Fotokiste gewühlt und dabei ein kleines Booklet gefunden, das eine mütterliche Freundin aus der Schweiz für mich gebastelt hat, als ich neun Jahre alt war. Darin war ein Foto, auf dem trage ich ein Hochzeitskleid, was sonst, das aus einer Daunendecke, einem Unterhemd und einem Schal als Gürtel bestand. Mein Bräutigam war neben mir, es war der Hund der Familie. Tja, man nimmt eben, was man kriegt.

Ich aber wollte nicht heiraten, um irgendein Ehegelübde abzugeben. Ich wollte heiraten, weil ich dann in Sicherheit wäre. In meiner Fantasie bedeutete ein Ehemann, dass ich keine

Angst mehr haben müsste, jemals wieder verlassen zu werden. Angesichts der heutigen Scheidungsraten natürlich ein Witz, aber als Kind glaubte ich fest an ein »Für immer und ewig«. Und das, obwohl mir mein tägliches Umfeld etwas anderes sagte.

Jedenfalls wurde aus dem nach Liebe und Sicherheit dürstenden Kind ein nach Liebe und Sicherheit dürstender Teenager. Wenn ich abends im Bett lag, malte ich mir bei so ziemlich jedem Typen, den ich irgendwie gut fand, aus, wie wir gemeinsam zum Altar schreiten würden, um dann glücklich bis in alle Ewigkeit zusammenzuleben. Dabei hatte ich eine sehr präzise Vorstellung von meinem Kleid (unten sehr voluminös, aber nur bis zur Mitte des Unterschenkels), oben eng und die Haare locker hochgesteckt, vielleicht mit einem Blütenkranz obendrauf. Ich würde graziler als Audrey Hepburn zum Altar schreiten, es wäre sogar egal, dass ich gar nicht getauft war, denn die Engelein würden vor Glück wohlklingende Choräle singen. Das mit dem Grazilen hat nicht ganz geklappt. Auf dem Foto, das mich bei meiner Vermählung viele Jahre später zeigt, schüttle ich dem Standesbeamten so beherzt die Hand, als wäre ich ein Polier, der sich gerade für die Lieferung von hundert neuen Zementsäcken bedankt.

Doch noch mal zurück. Als ich 17 oder 18 war, hatte ich ungefähr die Ausstrahlung und das Selbstbewusstsein eines Kükens, das aus dem Nest gefallen war. Ich suchte nach einem Mann, der mich retten würde, und verknallte mich in einen, der aussah wie der Schlagzeuger von U2. Er war sieben Jahre älter und brachte mein Herz zum Beben, indem er mit einer

Zigarette im Mundwinkel leere Biergläser in meiner Stamm-disko zusammentrug. Es dauerte ungefähr vier Monate, bis er mir im oberen Bereich der Disko einen Heiratsantrag machte. Da er ein bisschen betrunken war, rutschte ihm der Ring aus der Hand und kullerte Richtung Toiletten, bis er ihn mit einem katzenartigen Sprung auf dem Steinboden zum Halten brachte. Natürlich sagte ich Ja.

Für mich war die Rechnung mit der Hochzeit einfach: Hochzeit = Sicherheit, Sicherheit = ewige Liebe, ewige Liebe = ich werde nicht im Stich gelassen. Ich weiß leider nicht, aus welchen Gründen er *mich* heiraten wollte, wir haben näm-lich nie darüber gesprochen.

Den Verlobungsring trug ich mit großem Besitzerstolz. Er war für mich das Zeichen der Geretteten. Wie gesagt, ich hatte damals keine Ahnung, wie Beziehungen so laufen. Wir lebten zusammen auf unglaublich verqualmten 13 Quadrat-metern und kamen uns vor wie die Könige. Das mit der dro-henden Vermählung machte mir trotzdem Angst. Einerseits wollte ich unbedingt geheiratet werden, war aber nicht sicher, ob er der Richtige wäre. Die Zweifel fraßen mich auf. Obwohl es keinen fixen Tag gab oder gar Geld, mit der wir den Spaß überhaupt hätten bezahlen können, wurde mir die Kehle eng. Vermutlich fühlen sich so Männer, wenn ihnen die flüchtige Affäre sagt, dass sie schwanger ist. Plötzlich fragte ich mich, was wir denn gemeinsam hatten. Er träumte von einem Rei-henhaus, ich von der großen, weiten Welt. Er sparte auf einen Kombi, ich hatte eine Karriere als Hollywoodstar vor Augen. Das konnte nicht gut gehen.

Tat es ja auch nicht. Supererwachsen beendete ich die ganze Sache, indem ich nach Los Angeles zog. Als ich schließlich irgendwann tatsächlich heiratete, tat ich es genau aus den richtigen Gründen, aber es funktionierte trotzdem nicht. Ich mache mir deshalb keine Vorwürfe mehr. Manche Beziehungen sind nur für eine bestimmte Zeit bestimmt und bringen uns an den Punkt, von dem aus wir uns weiterentwickeln können.

Finde dich gut-Effekt:
Du musst keine Hochzeitsfeier aus den falschen Gründen organisieren oder gar bezahlen. Du weißt ja jetzt, wann man heiratet und wann nicht!

Du liebst dich nicht genug, wenn ein Kind dich oder deine Beziehung retten soll

Sehr viele Kinder werden geboren, weil die Eltern »es noch einmal miteinander versuchen wollten«. Und sehr viele Kinder werden geboren, weil die Frau glaubt, dass der Mann wegen eines Kindes bei ihr bleiben wird. Beides sind denkbar schlechte Gründe, ein Kind zu bekommen, vor allem für das Kind selbst: Es muss vom Augenblick der Zeugung an eine Funktion erfüllen, anstatt frei ins Leben starten zu dürfen. Und scheitert es in seiner Funktion, weil die Beziehung der Eltern eben trotzdem auseinandergebrochen ist oder der Mann die Frau dennoch verlassen hat, dann wird es auch noch mit

Schuldgefühlen überladen. Ob unbewusst oder bewusst macht keinen besonders großen Unterschied. Ähnlich ist es, wenn Eltern in einer kaputten Beziehung bleiben, »damit das Kind eine heile Kindheit erlebt«. Diese Kindheit ist dann ungefähr so heil und glücklich wie das Leben der Eltern, und zu allem Überfluss wird das Kind als erwachsener Mensch eine völlig verquere Vorstellung davon haben, wie eine glückliche Beziehung überhaupt aussieht.

Ich verstehe, warum Menschen die Hoffnung haben, ein Kind würde alles retten. Eine entfernte Bekannte hat inzwischen vier Kinder von drei verschiedenen Männern, weil sie jedes Mal von Neuem glaubt, mit einer Schwangerschaft ihre eigenen Defizite vertuschen zu können. Sie hat sich tatsächlich mal zu dem Satz hinreißen lassen: »Mit dem nächsten Kind klappt es bestimmt.« Das ist ein Leben, das auf Kosten der Kinder geht, und ich bitte jeden, sehr gründlich und ausführlich darüber nachzudenken, aus welchem Grund man ein Kind bekommen möchte.

Finde dich gut-Effekt:
Du bist keine von den Frauen, denen Männer misstrauen müssen. Wenn du einen Kinderwunsch hast, dann ist er echt und wird nicht von Ängsten getrieben.

Sexualität und Befriedigung

Erschütternd viele Frauen halten eine befriedigende Sexualität immer noch für ein männliches Vorrecht. Es ist aber wichtig für dein glückliches Leben, dass du die Freude an deiner Sexualität entdeckst, sie befriedigend auslebst und behältst!

Du liebst dich nicht genug, wenn du Sex mit Liebe gleichsetzt

Sex macht einen Riesenspaß, wenn man ihn richtig auslebt, stimmt's? Interessanterweise verwechseln sehr viele Menschen Sex und Liebe. Eigentlich ist das ziemlich merkwürdig, weil es da gar nicht so viel zu verwechseln gibt. Sex ist ein Sturm, der im Moment geschieht, heiß, feurig und aufregend ist, während Liebe eher das sanfte Rascheln zwischendrin ist, das einen durch den ganzen Tag begleitet. Beides zusammen ergibt das Klima, in dem wir uns wohlfühlen. Der Unterschied ist also ziemlich offensichtlich. Trotzdem kenne ich viele Frauen, die in ihrer Beziehung eher die Funktion einer Entsamungsstation für den Mann haben, weil sie glauben, dass sie den Mann mit sexueller Gefügigkeit an sich binden können.

Ich weiß nicht, ob du diese Folge der alten Serie *Der Doktor und das liebe Vieh* kennst, in der Dr. Harriet versucht, einen Bullen, sagen wir, zu erleichtern. Dr. Harriet, der sehr distinguierte und doch etwas trottelige Veterinär, möchte diesem wertvollen Bullen das Sperma anzapfen, denn für einen Natursprung ist die ausgewählte Kuh zu weit weg. Also besorgt der Bauer eines dieser deprimierend aussehenden Gerüste, an denen eine künstliche doppelwandige Kuh-Vagina aus Metall hängt. Damit es dem Bullen angenehm ist, wird diese mit warmem Wasser vorgeheizt. Leider ist das Wasser zu heiß, und der Bulle flippt völlig aus. Daran muss ich immer denken, wenn mir manche Frauen erzählen, wie sie sich eine gelungene Sexualität vorstellen. Sie vögeln, um den Mann am Weggehen zu hindern, und sehen den ganzen Vorgang aus der Distanz und mit so wenig Lust an, dass es einen traurig macht.

Vielleicht ist das Besamungsgleichnis auch ein bisschen wackelig. Ich wollte nur auf die absolute Freudlosigkeit des Vorganges hinweisen. Gerade im Datingbereich bieten Frauen ihren Körper feil, als hätten sie Angst, schlecht zu werden, wo doch der Markt gleich vorbei ist. Manche glauben auch, dass Sex eine Währung wäre, mit der man sich Sympathie erkaufen kann. Mein Freund Claus ist einmal an eine junge Dame geraten, die ihn nach dem zufälligen Kennenlernen förmlich bekniet hat, mit ihr zu schlafen. »Sie hat sich schon im Auto ausgezogen, was hätte ich denn machen sollen?« Claus ist ein großer Wohltäter, und so besorgte er es ihr, so gut er nur konnte. Befriedigt (nehme ich mal an) stand die Frau anschließend auf, gab ihm einen Kuss auf die Stirn und sagte: »Danke, Süßer. Vielleicht bis bald mal«, bevor sie ging. »Cool«, dachte sich Claus, »endlich mal eine Frau, die einfach nur Sex will.« Zufrieden ratzte er ein und schlief tief und fest, wie man es nach einer guten Vögelei eben kann. Als er aufwachte, erwartete ihn schon die erste Nachricht. »Warum hast du mich nicht angerufen?«, stand da. Und später: »Du bist genau wie die anderen«. Claus war verwirrt. Hatte sie sich nicht eben noch bedankt, war unverbindlich geblieben und hatte damit gezeigt, dass der Sex für sie Sex war, mehr aber nicht? Als er sie dann mittags anrief, um sich zu erklären, machte sie ihm kühl deutlich, dass sie mit »Rumfickern« wie ihm nichts zu tun haben wolle.

Ich sehe ein, dass Sexualität eine sehr verwirrende Sache ist. Eben noch bist du ein völlig rationaler Mensch, denkst klar und bist zu klugen Entscheidungen fähig, und einen Moment später hängst du knutschend und fummelnd in der Ecke und vergisst, dass draußen gerade die Welt untergeht, wenn du nicht sofort eingreifst. Das Problem ist nur, dass es auch beim Sex falsche und richtige Gründe gibt, es zu tun, und ich möchte sichergehen, dass du auf der für dich richtigen Seite stehst, damit du dir selbst Gutes tun kannst.

Sex aus falschen Gründen

Sex aus Mitleid zu haben ist einfach, aber immer eine blöde Sache. Erstaunlich viele Frauen schaffen es nicht, rechtzeitig abzuspringen. Meine Freundin Constanze zum Beispiel ist neulich mit einem Typen mitgegangen, weil, und jetzt kommt's, seine Freundin ihn verlassen hat! »Er hat so geweint«, hat sie gesagt, »das war echt süß. Und dann hat er mich auf diese Art angesehen, wie nur sehr traurige Männer einen angucken können. Und ich dachte, ach komm, dann tröste ich ihn halt ein bisschen. Eigentlich war ja nur geplant, dass ich ihn in den Arm nehme, aber dann war meine Bluse ganz nass und Gehen wäre auch blöde gewesen. Also habe ich halt mit ihm geschlafen.« Logisch, oder? Als ich sie fragte, ob sie ihn denn mochte, sagte sie: »Nicht besonders«. Natürlich kam sie sich hinterher vor wie eine Idiotin. »Der Sex war scheiße, aber wenigstens war *ich* nett!« Ich sage das gern noch mal zum Mitschreiben: *Nett sein zu wollen* ist kein Grund, mit jemandem ins Bett zu gehen. Tu es nicht. Auch nicht, damit jemand gut über dich spricht oder du ein paar Karmapunkte bekommst.

Sex zu haben, obwohl man sich schlicht Intimität wünscht, ist noch mal eine andere Sache. Stimmt schon, beim Sex kommt man sich sehr nahe. Und was könnte intimer sein, als Körperflüssigkeiten miteinander auszutauschen? Intimität baut sich aber langsam auf, indem man das Leben miteinander teilt. Du kannst dir den Weg in sein Herz nicht freibumsen. Ja, kann sein, dass er dir auf *Yelp* fünf von fünf Punkten geben und »Unbedingte Empfehlung! Komme gern wieder« darunterschreiben würde. Aber das heißt noch lange nicht, dass du ihm etwas bedeutest.

Sex, um Macht ausüben zu können, geschieht meist, wenn du das eine oder andere Minderwertigkeitsgefühl hast. Das ist nicht weiter schlimm. Blöd wird es aber, wenn du Sex dazu benutzt, dich endlich mal überlegen zu fühlen, Kontrolle auszuüben, auf dem Höhepunkt der Macht also. Das bedeutet, dass es dich wahnsinnig scharf macht, den Typen um den Verstand zu bringen, und du eine Show abziehst, die wie ein »Best of«-Zusammenschnitt aus den Porno-Highlights des letzten Jahrzehnts wirkt. Richtig echt ist es trotzdem nicht.

Sex als Ablenkung ist ein Klassiker, der gern genommen wird von Menschen, die eigentlich mal die Garage in ihrer Seele aufräumen sollten. Anstatt sich mit unangenehmen Arbeiten wie zum Beispiel Selbsterkenntnis zu beschäftigen, springen sie auf den Klassiker der Ablenkungstaktik schlechthin auf und versuchen, sich von sich selber wegzuvögeln. Das kann teilweise ganz absurde Ausmaße annehmen, wie zum Beispiel bei meiner Freundin Annie, die bei Stress auf der Arbeit jedes Mal ganze Stadtteile flachlegt, obwohl sie einfach mal mit ihrem Chef über die miesen Arbeitsbedingungen sprechen müsste. Andere betrinken sich, Annie hat Sex und geht so einer Konfrontation aus dem Weg.

Sex aus Angst, alleine zu bleiben, ist schon kniffeliger. Es ist ein bisschen so wie Sex als Versuch, Intimität herzustellen, aber mit einer etwas traurigeren Färbung. Ich kenne eine Frau, die so große Panik hat, alleine zu sein (ihre größte Panik ist, sich selbst kennenzulernen), dass sie sich wahllos jedem anbietet, der auch nur einen Hauch an ihr interessiert ist. Im Laufe der Jahre hat das dazu geführt, dass sie sich innerlich beschmutzt fühlt und sich noch weniger leiden kann als vorher, was wiederum erstaunlich ist: Sie hasst sich mit einer Inbrunst, die selbst für Außenstehende kaum zu ertragen ist. Noch weniger als sich selbst mag sie nur das Gefühl, alleine zu sein. Ihre Panik geht so weit, dass sie die Männer anbettelt, bei ihr zu bleiben. Du kannst dir vorstellen, wie gut das funktioniert.

In Sachen Sex habe ich mich in meinem ersten Buch sehr weit aus dem Fenster gelehnt. Es ist total gemein und mehr als nur ein bisschen männerfeindlich. »Mitten in Jakobs Unterhose stand ein kurzer Stängel. Das Ding war trotzig hochgereckt wie ein kleiner Finger. Ich sage kleiner Finger, der Fairness halber sollte ich hinzufügen, dass Mittelfinger die Sache eher traf. Sein Schniedel war schmal wie der eines präadoleszenten Messdieners und so kurz, dass er sich anfühlte wie ein Hühnerknochen.« Was für eine abscheuliche Person schreibt denn so etwas? Ach so, das war ich.

Auf Lesungen ist der Text immer noch der Stimmungshit, sogar dann, wenn überdurchschnittlich viele Männer im Publikum sitzen. Ich nehme an, es ist besser zu lachen, als sich betreten auf den Schritt zu schauen, denn Frauen sind da gnadenlos. Als ich das Buch schrieb, ging es mir nicht besonders gut, und darum wollte ich, dass sich sexuell aktive Frauen damit identifizieren und über etwas lachen können. Das Buch *Keine Panik, ich will nur Sex* war ein großer Erfolg, aber es warf dann doch ein paar Fragen bei mir auf. Warum wollte ich eigentlich so lange in meinem Leben nur Sex?

Nun, ich war ein ganz klarer Fall der Frau, die Sex mit Intimität, Macht und Ablenkung verwechselte, darüber unzufrieden war und dann die Türen ganz zumachte, indem sie Sex eine Zeit lang vollkommen funktionalisierte.

Als ich mit Anfang zwanzig nach Los Angeles kam, war ich ein Mädchen, das bei Jungs nicht übermäßig beliebt gewesen war. Ich war während meiner ganzen Jugend die klassische Zettelüberbringerin für die wirklich heißen Girls, was auch daran lag, dass ich irgendwie zerknüllt aussah. Ich bin wohl das, was die Amerikaner einen *late bloomer* nennen, einen Spätblüher. Es könnte natürlich auch an meinem Kleidungsstil gelegen haben, der sich irgendwo zwischen Grunge, Skater und Gruftie bewegte und vor allem darauf bedacht war, meine Weiblichkeit zu verstecken. Meine Haare waren lang und schimmerten in der Sonne bläulich, weil ich sie mit dunklem Henna färbte, mein Gesicht war weiß, weil ich mir einen viel zu hellen Puder hatte aufschwatzen lassen, und meine Fingernägel waren lang und rot. Ich sah aus wie ein fehlgeleitetes Vampirmädchen, das auf Teufel komm raus versuchte, irgendwie zeitgemäß zu wirken. Kaum nötig zu sagen, dass mich die Männer keines Blickes würdigten.

In Los Angeles war das anders. Vermutlich lag es daran, dass auf der Musikschule fast nur Jungs waren und sehr wenige Mädchen. Jede von uns hätte 20 Freunde gleichzeitig haben können, und noch immer wäre die Rechnung nicht aufgegangen. Angebot und Nachfrage war etwas, das sich sehr günstig auf meine Sexualität auswirkte, sagen wir es mal so. Meine Schüchternheit bewirkte eine neue Keckheit, und ich sagte Dinge, die ich sonst nie zu sagen gewagt hätte. Möglicherweise lag das auch daran, dass ich am Anfang nur die Hälfte verstand.

Amerikaner: »Wouldyousbstelhantuetzkfitzlbrrbldate?«
Ich: »Ah. Haha. Okay?«
Amerikaner: »Firstgggrbllayayaylalablalbbftzl, ok?«
Ich: »Hm. Kiss?«

Meine ersten Erfolge kamen sehr überraschend für mich. Dieser putzige Schwede, der immer aussah, als wäre er frisch geduscht, hatte ein klitzekleines Problem mit Ejaculatio praecox, brachte zwar nicht die ganz große Erfüllung, aber ich kam mir trotzdem mächtig cool vor. Ich wurde mutiger. Ich landete im Bett mit einem Franzosen, der immerzu seufzte: »*Ouf, c'est* ça *pour moi*!« Nicht, dass ich mich damals getraut hätte, ihm zu sagen, dass er ein wirklich miserabler Liebhaber war, aber immerhin entdeckte ich meine Freude an Experimenten. Nach ein paar Wochen fand ich es irre schräg, Männer dazu aufzufordern, sexuelle Handlungen an sich vorzunehmen, während ich dabei zusah. Irgendwie gab mir dieses Gefühl der

Macht einen totalen Kick. Aber unterschwellig war immer das Bedürfnis da, einfach nur liebgehabt zu werden. Doch weil ich mich als unabhängiges Sexkätzchen inszenierte, war Sex genau das, was ich bekam. Und das war, dachte ich, doch fast so ähnlich wie Liebe.

Als ich jung war, glaubte ich also unbewusst, dass ich meine Liebenswertigkeit erhöhte, indem ich mich sexuell verfügbar machte und immer einen Schritt weiterging als die anderen. Mein Verhalten war das einer Frau, die keine Selbstliebe empfindet, sondern darauf hofft, zufällig über die Lösung zu stolpern. Nicht, dass ich keinen Spaß gehabt hätte – aber Liebe findet man so nicht. Und, ehrlich gesagt, der Sex war zu dem Zeitpunkt ganz okay, aber noch nicht der große Knaller.

Und wenn du Angst hast, dass die Leute dich für eine Schlampe halten? Oh Gott, ja, was dann? Dann umgibst du dich offensichtlich mit den falschen Leuten. Über die sexuelle Aktivität anderer Menschen zu urteilen ist ungefähr so cool, wie Eichhornbabys das Fell abzuziehen, aber ungleich populärer. Ich habe dieses Schlampending nie verstanden. Als ich eine ausgesprochene Entdeckerphase hatte, fragte mich eine Freundin mal: »Hast du keine Angst, dass die Leute dich für eine Schlampe halten?« – »Nein«, sagte ich und überlegte dann kurz, ob ich nicht doch etwas übersehen hatte. »Ich bin eine sexuell begeisterungsfähige Frau, was soll daran schlecht sein?« Ich glaube fest daran, dass Sex, die Auslebung dessen und die Orientierung reine Privatsache sind, und dass niemand das

Recht hat, einem da reinzupfuschen. Nicht Freunde, nicht die Familie, nicht der Staat und schon gar keine Fremden.

Es ist aber in der Tat so, dass eine aktive Sexualität vielen Menschen Angst macht. Ich nehme an, das hat mit den patriarchalen Strukturen unserer Gesellschaft zu tun. Eine Frau, die ihre Sexualität genießt, ist frei und damit gefährlich für das bestehende System – irgend so etwas muss es jedenfalls sein. Genauso albern finde ich es, dass sich Heteros von der Homo-Ehe bedroht fühlen. Glauben die Leute, dass sie mit Feenstaub bestäubt werden und plötzlich alle nur noch gleichgeschlechtlich vögeln werden? Hey, mal im Ernst: Gehört es nicht zu den Grundfesten einer hoch entwickelten Zivilisation, dass jeder selbst entscheiden darf, wen man liebt und mit wem man Sex haben will (sofern beide Partner einverstanden und mündig sind, selbstverständlich)? Es gibt einen sehr süßen Film mit der wundervollen Emma Stone. Er heißt *Einfach zu haben*. Emma Stone spielt darin die Schülerin Olive, die die Gerüchteküche nutzt, um ein schönes Nebengeschäft zu eröffnen. Gegen Bares darf jeder behaupten, sie wäre mit ihm im Bett gewesen, obwohl sowohl Olive als auch die meisten ihrer großmäuligen Mitschüler noch jungfräulich sind. Ich will damit sagen, dass auf Gerüchte rein gar nichts zu geben ist, und bitte verschwende niemals Energie darauf, darüber nachzudenken, was andere von dir halten. Die haben ihre eigenen Probleme und ihre eigenen kleinen Lügen und basteln sich die Wahrheit, mit der sie sich selbst am besten fühlen.

Gedanken zum Thema Moral

Wenn man die Begriffe Ethik und Moral nachliest, bekommt man schnell den Eindruck, dass es sich um nahezu das Gleiche handelt. Beide bezeichnen das Handeln des Menschen und seine Folgen. Ethik wird oft als Moralphilosophie bezeichnet, aber ich finde, dass es zwischen Ethik und Moral einen ganz entscheidenden Unterschied gibt. Ethik bezeichnet für mich das Handeln aus dem Selbst heraus, also aus dem, was man mit dem Herzen entscheidet. Moral hingegen bezeichnet das Handeln aus einer Doktrin heraus, wird also von außen bestimmt. Um es einfach zu sagen, klingt Ethik für mich nach »Das darf ich nicht tun, weil ich damit jemandem schade und mich nicht dabei wohlfühle«. Moral hingegen bedeutet so etwas wie »Das tut man nicht, sonst werden die anderen schlecht von mir denken«.

Wer sich scheinbar »unmoralisch« verhält, verhält sich also entgegen dem, was die anderen von ihm erwarten. Daran sollte man immer denken, wenn einem einer blöd kommt, weil man sich sexuell ausleben oder ausprobieren möchte. Ich habe das Gefühl, dass viele Frauen deshalb Schwierigkeiten mit ihrer Sexualität haben, weil uns jahrzehntelang eingeredet wurde, dass weibliche Sexualität im Zweifelsfall unmoralisch ist. Lass dich von anderen niemals für deine Sexualität verurteilen. Der einzige Richterspruch, der zählt, sollte immer der aus deinem Herzen sein.

Finde dich gut-Effekt:

Sex ist nicht gleich Liebe. Es kann schon sein, dass du einen Partner suchst. Bis du ihn aber gefunden hast, heißt das nicht, dass du Sex ohne Liebe nicht genießen kannst. Warum solltest du keinen Spaß haben? Sei dir vorher klar darüber, was du möchtest und was du erwarten kannst. Kein Mann wird sich in dich verlieben, weil du Sex mit ihm hast. Aber möglicherweise wird er sich in eine Frau verlieben, die sich frei in ihrer Sexualität fühlt und weiß, was sie glücklich macht.

Du liebst dich nicht genug, wenn du Sex nicht genießen kannst

Ich verstehe, woher der Servicegedanke kommt, mit dem viele Frauen ins Bett gehen. *Hauptsache, der Mann ist zufrieden* ist ja ein Motto, das den Mädchen noch vor knapp 50 Jahren, also gerade mal zwei Generationen, eingetrichtert wurde. In einem Buch für Hausfrauen aus den Fünfzigerjahren heißt es zum Beispiel: »Beschwere dich niemals, wenn er spät nach Hause kommt oder die ganze Nacht wegbleibt. Es ist nichts im Vergleich zu dem, was er vermutlich den ganzen Tag durchstehen musste.« Klar, dass man sich da nicht angewöhnt hat zu sagen: »Entschuldige, aber ich bin noch nicht gekommen. Da musst du wohl noch mal ran.«

Seit damals ist viel passiert. Wir waren auf dem Mond, haben die Genmanipulation perfektioniert und Smartphones entwickelt. Aber immer noch glauben sehr viele Frauen, dass ihre Sexualität nicht so wichtig ist wie die des Mannes. Ich habe eine Freundin, die Sex so wenig freudvoll findet, dass sie währenddessen schon gelesen, geraucht und einen Film gesehen hat. »Es bringt mir einfach nichts«, sagt sie. »Ich mache das, damit er nicht herumquengelt.« Ich habe ihr schon viele verschiedene Vorschläge gemacht, aber sie will nichts davon hören. »Für mich ist das einfach nichts.«

Ich glaube, es gibt ein Missverständnis zwischen dem, was Sex angeblich ist, und dem, was Sex tatsächlich ist.

- ♡ Sex ist nicht die schönste Nebensache der Welt. Eine gelebte, befriedigende Sexualität ist ein Grundbedürfnis, das zur Gesundheit ebenso beiträgt wie genug zu trinken oder gesundes Essen. Es gibt keinen Grund, Sex kleinzureden.
- ♡ Sex ist nicht peinlich. Er ist ein bisschen intimer als zum Beispiel atmen, das ja, aber trotzdem ist es wichtig, darüber zu reden. Je mehr du darüber sprichst, desto klarer kannst du deine Bedürfnisse umreißen. Und je besser du deine Bedürfnisse kennst, desto besser kann dein Sex werden.
- ♡ Sex ist nicht schmutzig. Die Menschen, die dir das einreden wollen, haben ein Problem mit ihrer Sexualität.
- ♡ Sex macht schön. Wenn du zufrieden und ausgeglichen bist, sieht man es dir auch an.
- ♡ Sex ist gesund. Dein Immunsystem wird bei regelmäßigem Sex mit demselben Partner widerstandsfähiger, dein

Herzkreislaufsystem wird stimuliert und dein Becken-
boden trainiert.

♡ Sex verbindet. Man kann verbal kommunizieren oder
mit dem Körper. Neurologen haben herausgefunden,
dass sich bei häufigem Sex mehr Nerven bilden, die
Orgasmuswahrscheinlichkeit also steigt.

Eine Menge Frauen machen aus Sex ein Riesengewese. Eine
Freundin von mir sagt ständig Dinge wie: »Oh Gott, jetzt haben wir es schon wieder sieben Tage nicht getan, da bin ich
heute dran«, als würde sie zu einer Exekution geführt. Wenn
ich eine andere Freundin frage, wann sie das letzte Mal Sex
mit ihrem Mann hatte, sagt sie: »Ach, so vor drei, vier Monaten.« Für diese Frauen ist Sex überhaupt kein Genuss. Sie sehen
ihn als lästige Pflicht wie Müll raustragen oder zu Elternaben-
den gehen.

Ich muss dir noch einmal die Geschichte mit dem Marmeladekochen in Erinnerung rufen. Ich glaube, dass es mit der Sexualität genauso ist wie mit dem Essen. Viele Frauen gönnen
sich die eigene Sexualität nicht. Sie behandeln ihre Geschlechtsteile genauso, wie man mit Tabletts in einem Fast-Food-Res-
taurant umgeht: einmal abräumen und fertig. Guter Sex ist aber
keine Burgerbude, sondern ein Dreisternerestaurant. Und du
bist der Hauptgang.

Wenn ich meine Freundin frage, warum ihr Sex nicht gefällt, sagt sie nicht nur, dass es eben nichts für sie sei, sondern
auch, dass das in ihrer Familie nichts Außergewöhnliches

wäre. Sie nimmt also hin, ein lustloser Mensch zu sein, weil es eben so ist. Wenn man genauer nachbohrt, kommt heraus, dass sie ihren Körper überhaupt nicht mag, übrigens genau wie ihre Mutter auch. Sie findet ihre Brüste hässlich, ihre Schamlippen zu groß und dunkel und ihren Hintern zu flach, lehnt also alles ab, was sie als Frau erkennbar macht. Dementsprechend ist ihre Orgasmuswahrscheinlichkeit gen null, aber sie will nicht darüber reden, »weil Sex einfach keinen Spaß macht«. Das ist okay. Sie muss ja nicht darüber sprechen. Aber ich weiß, dass sie schon ein paar Beziehungen an die Wand gefahren hat, indem sie sich fortwährend darüber beschwert hat, dass der andere sie überhaupt nicht als Frau wahrnimmt. Es ist ein Paradoxon, in dem sie festhängt wie Bill Murray am Murmeltiertag. Immerhin hat sie sich jetzt entschieden, doch mal zu einer Therapeutin zu gehen. Den Tag, an dem sie ihren ersten richtigen Orgasmus hat, werde ich mit einer großen Straßenparade feiern.

Übung: That's the way aha aha I like it

Wenn du keine Ahnung hast, was dir gefällt, solltest du es schleunigst herausfinden. Sprich mit deinem Partner, oder such dir einen freundlichen Fuckbuddy, wenn du Single bist, und übe mit ihm. Diese Übung ist jedenfalls gut für Paare, funktioniert aber auch mit vertrauenswürdigen Kurzzeitgeschichten. Viele Männer haben wirklich keine Ahnung, was ihrer Partnerin gefällt. Das liegt weniger daran, dass sie sich mit der weiblichen Anatomie nicht auskennen (obwohl es die auch gibt, aber dazu später mehr), als vielmehr daran, dass die Frauen stumm wie Fische neben ihnen liegen und keinen Mucks zum Thema »Das gefällt mir« oder »Das gefällt mir nicht« tun. Machen wir also genauso weiter.

Unser Spielchen funktioniert so:

Du legst dich auf den Rücken, das kann entweder im Bett sein, auf dem Küchentresen, dem Boden oder wo auch immer es dir bequem ist. Dein Partner sollte Platz genug haben, um sich um dich herum zu bewegen, denn er hat jetzt eine wichtige Aufgabe: Er muss dich beinahe zum Kommen bringen. Schon richtig gehört, *beinahe*. Du darfst ihm keine Anweisungen geben und keine Tricks verraten (was du ja vielleicht sowieso nicht so gerne machst), sondern überlässt ihm das Feld. Er ist der Eroberer deines Körpers und muss herausfinden, wo genau er dich berühren muss, damit du schier den Verstand verlierst. Ihr könnt eine Art Belohnungssystem einführen, indem er bei jedem erfolgreichen Versuch, der dich fast zum Kommen gebracht hat, etwas erhält. Das kann ein Kuss sein, ein Stück Schokolade, ein Schluck Wein, was auch immer ihm gefällt. Es geht für euch beide darum, deinen Körper ganz genau kennenzulernen. Erst wenn er das mit mindestens zwei, besser noch mit drei verschiedenen Techniken fast geschafft hat, darf er dich zum Höhepunkt bringen. Anschließend macht ihr das Spiel anders herum.

Der Nutzen von Masturbation bei
Orgasmusschwierigkeiten

Wenn du Schwierigkeiten beim Orgasmus hast, keine Panik! Die Hemmschwelle sitzt fast immer in der Seele und ist darum gut heilbar. Manchmal reicht es schon, den Kopf auszuschalten. Denk nicht daran, dass du nicht kommen kannst, und warte nicht darauf, dass es passiert. Konzentrier dich einfach darauf, was mit deinem Körper passiert. Fühle! Atme! Sprich mit deinem Partner darüber und bitte ihn, mit dir herauszufinden, was dir guttut. Wenn du keinen hast, dann masturbiere, was das Zeug hält!

Es gibt natürlich auch organische Ursachen, und zwar viele verschiedene. Von einer sehr interessanten erzählte mir einmal ein Osteopath aus Köln. Zu ihm in die Praxis kommen immer wieder Frauen mit Orgasmusschwierigkeiten. Das Problem bei seinen Patientinnen scheint darin begründet zu sein, dass der letzte Wirbel ihrer Wirbelsäule verkeilt ist. Das kann durch falsche Belastung wie zu häufiges Sitzen passieren oder an einem grundsätzlich schiefen Skelett liegen. Nun ist es aber so, dass genau dieses Wirbelchen, dieser unbedeutend wirkende Steißbeinfortsatz einen großen Einfluss auf die Gebärmutter, die Libido und die Erregungsfähigkeit an sich zu haben scheint. Wenn der Wirbel verrenkt ist, geht in Sachen Orgasmus meistens gar nichts mehr. Die Spezialität dieses Osteopathen ist es nun, genau diesen Wirbel wieder einzurenken, und zwar, wie mir eine seiner Patientinnen berichtet hat, »mit einem knackigen Griff in den Anus, seitdem fließen die

Säfte wieder wie neu!«. Anschließend schickt er seine Patientinnen übrigens gern zur Tantra-Massage, weil er findet, dass Frauen und Männer sich erst mal wieder spüren müssen, um ihre Sexualität neu zu entfachen. Ich weiß, dass darüber imagemäßig der abgestandene Duft von Patchouli hängt, in der Praxis ist es aber herrlich. Stell dir einfach vor, dein Körper würde genau so angefasst werden, wie es gut für ihn ist.

Und wenn du Masturbation langweilig findest? Dir blöd dabei vorkommst? Das höre ich jedenfalls ungelogen fünfmal am Tag. Es gibt Frauen, die schreiben mir in einem Satz: »Ich finde Masturbation ja total bescheuert, aber weißt du, wo ich einen guten Vibrator herbekomme?« Ein Tipp: Nicht von ebay.

Es stimmt schon, dass Masturbation ein einsames Geschäft ist. Sex zu zweit ist schöner und auch viel befriedigender, weil mehr Sinne angesprochen werden. Aber hey, was soll frau machen, wenn gerade keiner Zeit hat? Außerdem ist Selbstbefriedigung eine super Übung, um den eigenen Körper kennenzulernen. Auf welche Berührung stehe ich, wie komme ich schneller – klitoral oder vaginal? Das ist alles viel zu komplex, um es dem Mann während des Sex zu erklären. Besser, man weiß schon vorher, wo die richtigen Knöpfe ungefähr liegen.

Finde dich gut-Effekt:

Wenn du es schaffst, Sex nicht als Pflicht, sondern als Wellness für dich selbst zu sehen, sollte das Problem aus der Welt geschafft sein. Du hast Sex schließlich nicht, um anderen einen Gefallen zu tun, sondern ausschließlich, weil es dir guttut.

Gedanken zu Sex und Social Media

»Das Handbuch der vernünftigen Frau«, wie ich es nenne, besteht im Wesentlichen aus drei Glaubenssätzen:

- ♡ Gehe nicht einkaufen, wenn du Hunger verspürst
- ♡ Triff dich nicht mit Männern zum ersten Mal, wenn du rallig bist
- ♡ Geh auf keinen Fall online, wenn du zu viel getrunken hast

Es gibt natürlich hunderttausend gute Gründe, diese Sätze vollkommen zu missachten, und ich werde dich auch nicht dafür verurteilen. Du sprichst mit einer Frau, die schon mal betrunken einen Typen überredet hat, mit ihr drei Wochen auf die Seychellen zu fliegen, obwohl sie ihn nicht mal besonders mochte. Das Problem ist aber, dass wir heute nicht nur daten, sondern auf Facebook, Twitter, Instagram oder Snapchat mit Freunden, Familie und eben Männern verbunden sind – und so die totale Übersicht über deren Leben haben. Eine Studie hat gezeigt, dass man anhand eines Facebook-Profils mit nahezu hundertprozentiger Treffsicherheit ein umfassendes

Psychogramm des Profilbesitzers anfertigen kann, und das ganz ohne ihn zu kennen.

Für Frauen mit latenter Stalking-Neigung ist es also ein Leichtes, das Leben in eine Art Privatdetektei umzubauen. Selbst wenn derjenige sich auf Facebook zurückhält, kann man doch interpretieren, wie es ihm gerade geht. Warum zum Beispiel postet er lauschige Plätzchen, an denen er den Sommer genossen hat, obwohl er so was doch langweilig fand (Wer ist sie?)? Warum sind auf Instagram plötzlich so viele Fotos von Jazzkonzerten zu sehen, wo er doch früher lieber Electro gehört hat (Wer ist sie??)? Wieso sitzt er laut Snapchat seit Neuestem immer in diesem Spießer-Café, über das er früher Witze gerissen hat (WER ZUM TEUFEL IST SIE???)?

Wir leben in einer Welt, in der alle überall connected sind: Du kannst die gleichen Lieder über Spotify hören, du kannst auf Whatsapp sehen, wann der andere zuletzt online war – wer nicht aufpasst, kann da leicht NSA-artige Tendenzen entwickeln. Das ist nicht gut. Du bist besser als das. Wenn dir jemand wehgetan hat, dich abgelehnt oder sonst wie aus deinem Leben verschwunden ist (oder gar nicht erst reinwill), solltest du die Drähte kappen, und selbst das ist manchmal nicht genug. Zum Beispiel dann, wenn der Spitzname des Ex in der Autokorrektur des Telefons auftaucht – wann nur hat man angefangen, diesen Namen so oft zu tippen?

Auch kurze Begegnungen können deutliche Spuren hinterlassen. Der Typ aus dem Urlaub vor sechs Jahren, der leider, leider diese wahnsinnig peinlichen Bilder von dir hat und ständig im Scherz damit droht, sie in seinem Blog hochzuladen. Es ist mir mal passiert, dass ich einen inhaltlich verfänglichen Text an einen Mann namens Stefan geschickt habe, leider nicht den, den ich meinte, sondern einen, mit dem ich Jahre zuvor ein recht ödes Techtelmechtel hatte, das ich auf keinen Fall wieder aufwärmen wollte. Whatsapp sei Dank. Wer heute zum Beispiel Schluss machen will, tut das vor allem, indem er Listen löscht, Leute blockiert und Freundschaftsanfragen ignoriert, zum Beispiel von neuen Partnerinnen längst vergangener Männer, die es als tiefgehende Gemeinsamkeit ansehen, dass man denselben Penis in der Hand hatte. Neun von zehn Facebook-Nutzern bleiben auch nach der Trennung noch mit dem ehemaligen Partner befreundet, immer in dem Risiko, plötzlich zu neuer Aktualität zu gelangen, vor allem, wenn der andere betrunken ist.

»Drailing«, offensichtlich eine Mischung aus den Worten »drunk« und »mailing«, ist so ziemlich der größte Fallstrick im Social-Media-Bereich, von Nacktfotos mit dem Chef mal abgesehen. Besoffen und einsam einem Typen zu schreiben, seine Bilder zu liken oder wahllos seine Tweets zu retweeten, grenzt nicht nur an Selbstverletzung, sondern kann auch unangenehme Folgen haben. Meine Freundin Vivien zum Beispiel brauchte ganze drei Wochen, um ihrem Ex glaubhaft zu versichern, dass sie keine Zweifel an der Trennung hatte, sondern wirklich nur einen über den Durst getrunken hatte.

Die moderne Social-Media-Sadomasochistin hält sich natürlich nicht daran. Wie meine Freundin Clara, die mich eines Tages auf Whatsapp mit einer Art Liveberichterstattung von der Verlobungsparty ihrer großen Liebe bombardierte. »Oh mein Gott, jetzt trinken sie Champagner!«, schrieb sie. »Ich dreh durch, jetzt tanzen sie auch noch Salsa, er hasst Salsa!!!« Sie saß vor dem Rechner und klickte im Sekundentakt Fotos durch, die Michaels Kumpel auf Facebook posteten. Auf Fotos klicken, den Online-Status verfolgen, auf Skype seufzend das grüne Häkchen anstarren? Zieh einfach einen Schlussstrich. Kontakt löschen? Ja, bitte.

Du liebst dich nicht genug, wenn du schlechte Liebhaber gewähren lässt

Hach, Lieblingskapitel! Über schlechte Liebhaber lassen sich ja bekanntlich Bücher schreiben, aber das macht aus den schlechten auch keine guten. Ich bin immer noch unsicher, woher dieses Missverständnis zwischen Männern und Frauen kommt, dass wir alle so prima im Bett sind, dass keiner mit dem anderen darüber reden muss, was falsch läuft.

Wären Liebhaber ebay-Artikel, wäre es vermutlich einfacher, sich zu orientieren. »Ich habe diesen Typen ohne Garantie übernommen, wie es in der Anzeige stand. So weit, so gut. Von außen sah er deutlich beschädigter aus, als auf den Fotos zu erkennen war, und die Beschreibung ›hat leichte Gebrauchsspuren‹ ist wohl eher als Witz gemeint. Ich kann damit leben, ist ja nur äußerlich. Aber als ich ihn dann ausprobieren wollte, stellte sich heraus, dass die Funktionen Oralsex und Doggy Style total defekt waren. Ich habe mehrfach auf die Reset-Taste gedrückt, ohne Erfolg. Einzig die Funktionen Missionar und Knutschen gingen noch, allerdings mit einigem Geholper. Ich bin absolut unzufrieden und werde nie wieder einen Artikel dieser Marke bestellen. Sauerei!«

Leider steht auf Männern und Frauen aber nichts drauf. Sex ist also ein ziemlicher Blindflug, der manchmal im Sonnenaufgang endet, andere Male aber irgendwo mitten im Gebüsch – und zwar nicht auf die gute Art. Als ich jung war, war ich von dem schlechten Gefühl, das miese Liebhaber in mir auslösten, völlig überfordert. Wie alle Menschen mit mangelndem Selbstwertgefühl dachte ich, es wäre meine Schuld, dass sich der Typ bewegte wie eine Uzi nach dem ersten Ölen. Einmal, da war ich so Anfang zwanzig, hatte ich Sex mit einem Italiener, den ich auf kumpelige Art sehr mochte. Da wir beide Single waren, hielten wir es für eine prima Idee, miteinander ins Bett zu gehen. Schon das Knutschen fühlte sich an, als würde sich ein Tintenfisch auf mein Gesicht legen, aber ich war zu höflich oder auch zu feige, um die Sache abzubrechen. Erst rappelten wir so ein bisschen herum, bis er mir schließlich seinen riesenhaften Penis auf das Brustbein klatschte, meine Brüste zusammenquetschte und mich mit wüsten Stößen immer schneller gegen das Kopfende des Bettes rammte. Ich war so verdutzt, dass ich eine Weile brauchte, um die Oberhand zu gewinnen. Sagen konnte ich nichts, weil mein Kopf inzwischen unnatürlich zur Seite gekrümmt war, also packte ich seine Hand und drehte sie mit aller Kraft herum, bis er vor Schmerzen aufschrie. »Wir haben zwei Möglichkeiten«, sagte ich, als er mich fragend ansah, »entweder du machst es ordentlich, oder wir hören auf.« Er entschied sich für die erste Möglichkeit, aber die Stimmung war dahin. Das war das erste Mal, dass ich einem Mann gesagt habe, dass es scheiße war, was er da tat.

Wieso habe ich andere gewähren lassen? Ganz einfach: Weil ich glaubte, dass ich weniger liebenswert wäre, wenn ich Kritik am schlechten Vögelstil des Mannes äußern würde. Ich bin nicht stolz darauf, aber ich weiß, dass es vielen Frauen so geht. Es erstaunt mich im Nachhinein immer noch, dass wir uns diesen Mist antun. Wir liegen da, hoffen, dass es vorbeigeht, und lassen zu, dass jemand schäbig mit uns umgeht – alles nur, damit er nicht schlecht von uns denkt. Man muss ja nicht gleich unhöflich werden, aber bitte, hör auf damit. Eine totale Liebeserklärung an dich selbst ist es, solche Typen sofort des Bettes zu verweisen.

Paula, da kann ich mitreden ...

»Es war kurz bevor die Sommerferien die Stadt leerfegten, und ich fühlte mich irgendwie einsam. In meiner Not kam ich auf die tolle Idee, den Kellner unten aus der Bar in meinem Haus auf einen Drink irgendwo einzuladen. Es war ziemlich schnell klar, dass er vorhatte, mich ins Bett zu kriegen, aber ich hatte überhaupt keine Lust auf ihn. Nachdem wir stundenlang durch die Stadt gelatscht waren und ich die ganze Zeit Wege suchte, die ihn von seinem Plan abbringen würden, landeten wir doch bei mir vor der Haustür. So

nett es ging, sagte ich ihm, dass ich keine Lust auf Sex hatte, was ihn offenbar total überraschte. ›Du machst Witze, oder?‹, sagte er. ›Ich habe mich so darauf gefreut.‹ Irgendwie schaffte er es, mich zu überreden, doch mit hochzukommen, und als ich kurz auf die Toilette verschwand, nutzte er die Gelegenheit, sich nackt auszuziehen und in mein Bett zu legen. Wir hatten dann total doofen gelangweilten Sex, aber ich rege mich eher darüber auf, dass ich mitgemacht habe, weil ich nicht wollte, dass er mich prüde fand.«

Maika, 28

»Da war dieser Typ auf der Arbeit, der die ganze Zeit erzählte, wie toll er im Bett war. Er brüstete sich richtig damit, dass er wahnsinnig lange durchhalten würde und dass bei ihm noch nie eine nicht gekommen wäre. Ich gebe zu, dass mich das auf ganz blöde Art neugierig machte. Also fing ich an, ihn zu necken und Witze auf seine Kosten zu machen. Das stachelte ihn an, denn er fing an, mich mit Textnachrichten zu bombardieren. ›Ich werd's dir besorgen, wie es dir noch keiner besorgt hat‹ und so einen Mist. Irgendwann ging ich nach der Arbeit mit zu ihm. Vielleicht war die Erwartungshaltung einfach zu groß, aber er bekam nicht mal einen hoch. Stattdessen fing er an, mich zu fingern, offenbar zum ersten Mal überhaupt. Währenddessen machte er die bizarrsten Pornogeräusche, als würde ihm gleich einer abgehen. Ich hatte Mühe, nicht zu lachen. Irgendwann sagte ich, dass ich jetzt gehen müsse. Seitdem ist er deutlich bescheidener in seinen Erzählungen geworden, also habe ich etwas Gutes für die Allgemeinheit getan, nehme ich an.«

Lisa, 34

»Ich hatte mich in einen Mann verguckt, der gerade aus einer langen Beziehung kam. Er ernährte sich im Wesentlichen von Tiefkühlpizza und Bier, und so ähnlich stand es auch um seine Körperhygiene. Keine Ahnung, was ich suchte, vielleicht jemanden, der sich noch schlechter fühlte als ich. Ihn zu küssen widerte mich an, und der Sex war ekelhaft. Nach zwei Versuchen rief ich ihn nicht mehr an, aber das war schon zweimal zu viel.«

Katerina, 36

»Ich werde nie vergessen, wie mich mein Mitbewohner nach einer Party in unserer Wohnung befummelt hat, als würde er nach Münzen in einem Geldbeutel suchen. Ich hatte gehofft, er wäre besser, als Mitbewohner war er nämlich top. Irgendwann täuschte ich einen Orgasmus vor und ging in mein Zimmer. Als er später eine Freundin hatte, erzählte sie mir, dass sich an seiner Technik nichts geändert hatte. Aber wir brachten es beide nicht über uns, ihm das zu sagen.«

Jill, 21

»Während wir es auf seinem total versifften Bett machten, fing sein Hund an, sich an meinem Bein zu vergehen. Irgendwie hatte ich das Gefühl, das war nicht das erste Mal. Und auch nicht die sonst übliche Variante.«

Saskia, 39

»Mein Exfreund fand alles an sich toll, aber am tollsten fand er sein Sperma. Er war so überzeugt davon, dass er mich überall mit seinem Erguss segnete: in die Augen, in die Ohren, in die Haare und an

allen erreichbaren Stellen meines Körpers. Ihm war auch egal, ob
ich danach irgendwo hinmusste. Wenn er fertig war, betrachtete er
sein Werk und grinste stolz. Ich habe es gehasst und weiß nicht,
warum ich den Mist zwei Jahre lang mitgemacht habe. Bei meinen
Freundinnen hieß er nur noch der Sperminator. In unserem Trennungs-
gespräch habe ich zu viel Sperma als einen der Gründe angegeben.
In Wahrheit war er in jeder Hinsicht ein beschissener Liebhaber.«

Marie, 34

»Da war dieser Typ mit einem sehr kurzen Penis. Er bewegte sich,
als würde er versuchen, in mir Luftballons zu zerstechen. Nicht nur
das, zwischendrin stoppte er auch immer wieder, um mir tief in
die Augen zu blicken. Nachdem ich wirklich alle Tricks rausgeholt
hatte und es immer noch mies war, drehte ich mich auf alle viere,
damit er schneller kommen würde. Um ihm ein bisschen zu helfen
und den richtigen Eingang zu finden, nahm ich meine Hand zur
Hilfe. Als ich sie nach einer Weile wegnahm, machte er einen Witz
darüber, dass er rausgerutscht sei. Er hatte nicht mal bemerkt,
dass er meine Hand penetriert hatte und nicht mich.«

Jessica, 29

Finde dich gut-Effekt:

Manchmal sind schlechte Liebhaber ja auch so süße Menschen,
dass man sie nicht verlieren will. Aber merk dir eins: Wenn du
sie nicht zu guten Liebhabern machen kannst, dann haben
sie in deiner Vagina nichts verloren.

Das Jungfrauen-Paradoxon

Im letzten Jahr, allerdings auch in den Jahren davor, bin ich mit Anfragen von erwachsenen Jungfrauen überschwemmt worden. Momentan zähle ich 76 Kontaktaufnahmen, das heißt, ich müsste mich nicht mal in die Luft sprengen und könnte trotzdem jeden Extremisten locker überholen. Das ist eine erschütternd große Zahl für eine scheinbar aufgeklärte Zeit. Gemeinsam ist ihnen, dass sie sich alle für unattraktiv und nicht interessant halten. Eine Zeit lang habe ich versucht, den einen oder anderen zu verkuppeln. Die Gespräche liefen dann ungefähr so ab (wie mir beide hinterher berichteten):

Mann: »Du bist wirklich hübsch. Echt erstaunlich, dass du keinen Freund hast.«
Jungfrau: »Nein, ich bin doch nicht hübsch! Ich habe total schiefe Augen, und meine Haare hängen immer so blöd. Außerdem habe ich Wurstfinger.«
Mann schweigt.
Jungfrau: »Jetzt findest du mich blöd, stimmt's? Ich wusste doch, dass das sowieso nichts wird!«

Der Dialog ist natürlich stark zusammengekocht. Aber es lief bei allen vier Versuchen auf das Gleiche hinaus. Die jungfräuliche Person, es waren auch Männer dabei, machte sich so lange selber runter, bis dem anderen nichts anderes mehr übrig blieb, als dem zuzustimmen, dass der- oder diejenige wirklich nicht sehr attraktiv und im Grunde unvögelbar war. Mein

Aktionismus war natürlich von vornherein zum Scheitern verurteilt. Ein Mensch, der vehement glaubt, dass ihn niemals jemand begehren wird, wird niemals begehrt werden.

Du liebst dich nicht genug, wenn du dein Geschlechtsteil hässlich findest

Ich sehe ja durchaus ein, dass die Vagina, was die Optik betrifft, nicht der allergrößte Wurf der Natur ist. Wenn man zum Beispiel ein Araberpferd zum Vergleich in Sachen Schönheit neben eine Vagina stellt, dann gewinnt das Pferd, wenn auch nur mit leichtem Vorsprung. Sogar die Pferdevagina sieht diskreter aus und nicht so *in your face* wie die der Frau. Aber wenn man sie liebevoll betrachtet, sieht sie aus wie ein zarter rosafarbener Schmetterling oder, wie Mimi sagt: »Eher wie ein totgefahrener Schmetterling, jetzt übertreib mal nicht.« In vielen Kulturen gilt das weibliche Geschlechtsteil als makellos schön, nur in unserer irgendwie nicht. Dann wiederum ist so ein erschlaffter Penis mit dem Hodensack dran auch nicht gerade das, wo man aufjuchzen und rufen möchte: »Fabelhaft! Dieses brillante und schöne Konstrukt hätte ich gerne in zehnfacher Vergrößerung für mein Wohnzimmer!«

Jedenfalls sind es nun mal die Geschlechtsteile, mit denen wir ausgestattet wurden, und ich möchte doch anmerken, dass sie immerhin schöner aussehen als bei einem Pavian. Von einem sanften Gespöttel im Privatgespräch abgesehen, finde ich darum auch, dass man den Geschlechtsteilen anderer Menschen mit Respekt und grundsätzlicher Zuneigung begegnen sollte, zumal sie ein Merkmal größter Individualität sind.

Leider scheinen immer mehr Frauen zu glauben, dass sie mit einer Art hässlichem Furunkel gestraft worden sind. Eine Freundin von mir hat sich vor Kurzem von ihren Schamlippen verabschiedet, nachdem ein besonders freundlicher Mann zu ihr gesagt hat: »Deine Muschi sieht aus wie die Kühlschrankszene bei Ghostbusters.« Zur Erinnerung: Das ist jener Moment, als Sigourney Weaver den Kühlschrank mit den geplatzten Eiern öffnet und für einen Moment Zuul und das Tor zur anderen Welt zu sehen sind. Ich habe mir ihr Teil angesehen und muss sagen, okay, aber: Ja, und? Sie ist vielleicht ein bisschen fransig und hat etwas Schlundartiges, aber sie sieht überhaupt nicht hässlich aus, sondern hingegen eher einladend.

In der japanischen Kultur wird in jedem Frühjahr um den ersten April herum Kanamara Matsuri, das »Festival des stählernen Penis«, gefeiert. Der Legende nach lebte ein schwarzer Dämon in der Vagina einer jungen Frau, dessen stählerne Zähne zwei junge Männer entmannten. Um die Zähne des Dämons zu zertrümmern, musste die junge Frau mit einem Schmied zusammen einen stählernen Penis schmieden. Was mit dem Dämon passierte, ist mir nicht bekannt, aber ich stelle mir vor, dass es für die Frau wahnsinnig unbequem gewesen sein muss.

Die Angst der Männer vor dem weiblichen Geschlechtsteil ist also kulturell belegt. Auch Siegmund Freud fabulierte von der *Vagina dentata*, der bezahnten Vagina, und ich kann mir nur vorstellen, dass sie deshalb solche Angst haben, weil sie wissen, welche Macht die Vagina über den Penis hat. Das gibt ihnen noch lange kein Recht, Frauen emotional so zu verletzen, dass sie bereit sind, sich die inneren Schamlippen kürzen zu lassen, also hochkomplexes und von Nerven durchströmtes Gewebe einfach abzutrennen. Ich habe mir die Muschi meiner Freundin nach der OP angesehen; sie sieht gut aus, aber total gewöhnlich und hat null Wiedererkennungswert. »Geht es dir jetzt besser?«, fragte ich sie. »Ja, viel besser! Endlich sehe ich normal aus.« Kurze Zeit später traf sie einen Mann, der ihre Brüste zu klein fand.

Finde dich gut-Effekt:

Er findet deine Vagina also nicht schön, ja? Dann tu dir selbst einen Gefallen und gib ihm einen tüchtigen Tritt in den Arsch. Dein Geschlechtsteil mag ulkig aussehen, aber es ist deines. Und das bleibt es auch.

Du liebst dich nicht genug,
wenn du nicht Nein sagen kannst

Wenn ich so zurückblicke, gibt es eine Menge Sex, den ich mir hätte sparen können, und dann gibt es so ein paar klitzekleine Erlebnisse, bei denen ich gerne Nein gesagt hätte, mich aber nicht getraut habe. Zum Beispiel damals, als mich dieser Typ namens Peter gefragt hat: »Darf ich dich küssen?« Da war ich 17 oder 18, und weil ich unheimlich cool rüberkommen wollte, sagte ich: »Was denkst du denn, wofür ich hier bin?« Es war tatsächlich so gemeint – ich war nur fürs Küssen hier –, aber so, wie es klang, dachte Peter wohl, dass ich damit das volle Programm meinte. Da ich keinesfalls meine Coolness verlieren wollte, machte ich mit, aber es war freudlos und blöde, und hinterher wünschte ich mir, ich hätte es nicht getan. Es gab noch andere Situationen, in denen ich gerne Nein gesagt hätte, mich aber aus ganz verschiedenen Gründen nicht getraut habe: Weil ich cool gefunden werden wollte, sexy, souverän. Ich wollte beliebt sein und geliebt werden, und zwar um jeden Preis. Irgendwann, so mit 23, schaffte ich den Absprung und sagte nur noch Ja, wenn ich wirklich wollte, aber ich weiß, dass es nicht jeder Frau so geht.

Das Problem dabei ist, dass du dich selbst für das opferst, was andere von dir denken. Nicht Nein sagen zu können, weil dein Selbstbewusstsein es nicht zulässt, ist eine schlimme Sache, die an deiner Seele nagt. Du fühlst dich benutzt und fremdgesteuert, und gleichzeitig hoffst du auf nichts mehr als ein kleines bisschen Anerkennung. Das ist nicht nur beim

Sex so. Meine Bekannte Betty hat sogar geheiratet, weil sie es nicht geschafft hat, Nein zu sagen. Ihre Angst, andere zu enttäuschen, war so groß, dass sie lieber einen langweiligen Furz geheiratet hat, den sie eigentlich nicht liebt, als ihr eigenes Leben zu leben. Es war ihr Glück, dass der Langweiler sich nach drei Jahren Ehe Hals über Kopf in eine Frau seines Kalibers verliebt hat, sonst würde Betty immer noch dasitzen und sich fragen, wann genau sie sich für das »Ich langweile mich zu Tode«-Programm eingetragen hat. Mit Betty Nein sagen zu üben war ungefähr so, als würde man versuchen, aus trockenem Sand eine Sandburg zu bauen.

»Sag mal, Betty, ich weiß, dass du Geburtstag hast. Aber kannst du mir trotzdem beim Umzug helfen?«
»Ja, natürlich.«
»Nein, Betty, kannst du nicht! Es ist dein Geburtstag!«
»Ja, aber ... wer hilft dir denn dann?«

Nein sagen ist nicht einfach. Zu widersprechen wird uns systematisch abtrainiert, und wenn dann noch der Instinkt dafür fehlt, was dir guttut und was nicht, bist du verloren. Wenn ich Frauen frage, ob sie schon einmal Sex hatten, der gegen ihren eigentlichen Wunsch lief, sagen sehr viele Ja. Ihre Erklärungen reichen von »Ich wollte ihn nicht enttäuschen« über »Ich habe mich nicht getraut abzulehnen« und »Ich wollte nicht unhöflich sein« bis »Der letzte Bus war weg, und ich wusste nicht, wie ich nach Hause kommen sollte«. Klingt nicht ganz richtig, oder? Ist es auch nicht.

Dein Körper gehört dir. Er ist für dich da und nicht, um anderen einen Gefallen zu tun. Ab jetzt gehst du respektvoll mit ihm um! Denn wenn du es nicht tust, tun es die anderen auch nicht.

Gedanken über das Schlussmachen

Im Nachhinein war der Ort unglücklich gewählt. Mitten in der Fußgängerzone fühlt man sich nicht gerade unbeobachtet, schon gar nicht in der Vorweihnachtszeit. Ungeduldige, stämmige Frauen drängten sich an uns vorbei, schubsten dabei ihre Tüten gegen unsere Beine, sodass wir schwankten und uns aneinander festhalten mussten wie zwei Betrunkene. Außerdem war es saukalt. Ein paar Schneeflocken trudelten zu Boden und blieben liegen, bis irgendein Schuh sie zertrat. Ich weiß das, weil ich den Kopf gesenkt hielt. Eigentlich war auch der Zeitpunkt ziemlich schlecht gewählt. Vielleicht hätte ich warten sollen, bis Christian alleine war und nicht wie jetzt mit seinem besten Freund zum Weihnachtsshopping ging. Aber was wusste ich schon. Im Schlussmachen war ich damals nicht gerade ein Profi.

Ich glotzte intensiv auf den Boden, als stünde dort etwas besonders Interessantes geschrieben. »Und?«, sagte er nach einer Weile und sah auf seine Uhr. »Was ist denn nun so wichtig?« Ich begann hektisch an meinem Handgelenk zu rubbeln. »Nichts wie raus«, hatte Mimi noch gesagt, »du musst es einfach sagen, danach ist alles ganz einfach!« Ich wusste nur nicht genau, wie. Ich wollte Worte wählen, die der Dramatik der Situation angemessen wären. Die das Ende bedeuteten, aber auch etwas Neues zulassen würden, eine zarte Knospe der Freundschaft, die sprießen könnte, sobald der Zorn verraucht war. Kurz: Ich musste etwas zutiefst Erwachsenes erledigen. Ich wälzte die Worte in meinem Kopf hin und her, wog sorgfältig ab, sortierte aus und öffnete dann, als ich die richtigen Silben zusammengefügt hatte, meinen Mund: »Äh ...«, kam heraus, »ich glaub, es ist Schluss.« Zugegeben, es war nicht das, was ich vorgehabt hatte, aber es brachte die Sache ziemlich genau auf den Punkt. Christian zuckte mit den Schultern, vielleicht aus Überraschung, vielleicht, weil auch er keine Lust mehr hatte. Dann sagte er: »Wenn du meinst.« – »Tja«, sagte ich, »ich geh dann mal.« »Okay«, sagte er. Und das war's.

Ich war natürlich naiv. Die Geschichte hing mir ewig hinterher. Mit jemandem vor dem Schaufenster des Spielwarengeschäfts »Puppenkönig« Schluss zu machen, das sprach sich herum. Ich fühlte mich danach nicht befreit, sondern beschmutzt. Ich war zwar erst 15, aber das machte die Sache nicht weniger problematisch. Kurz dachte ich darüber nach, die Schule zu wechseln, ganz kurz sogar darüber, ins Internat zu gehen. Die Sache klebte an mir wie Hundekacke. Wohin ich auch ging, der Gestank meiner Tat eilte mir voraus. Nach ein paar Monaten legte sich die Aufregung, und wir fingen an, wieder normal nebeneinanderher zu leben, er bei den Skatern, ich bei den Poppern. Und eines Tages schien uns die Tatsache, dass wir mal ineinander verknallt gewesen waren, durch und durch unwahrscheinlich. Ein Witz, mehr nicht.

Jemandem zu sagen, dass man ihn nicht mehr genug mag, wird nicht leichter, nur weil man erwachsener wird. Dabei ist das mit fast allen Dingen so, die man lernt. Streiten, Sex, Kochen, irgendwann hat man kapiert, wie die Dinge laufen. Mit dem Schlussmachen ist es genau andersherum. Je mehr man dazulernt, desto schwerer wird es, weil einem das ganze Ausmaß der Verletzung umso deutlicher wird, je mehr man das menschliche Wesen begreifen lernt. Wer Schluss macht, verbietet dem anderen, vom großen Happy End zu träumen. Das Problem mit Beziehungen ist, dass sie fast immer endlich sind. Irgendwann kommt man an den Punkt, wo man den anderen nicht mehr sehen kann, und ab da wird es unangenehm. Wie soll man so etwas in sinnvolle Worte fassen? Abneigung ist ja meist kein aktenkundiger Zustand, sondern nur ein nicht zu beschreibendes Gefühl. Ich habe auf das Warum nie eine Antwort gefunden. Ich wollte nicht mehr. Das war eben so. Fertig.

Als ich das erste Mal Schluss machte, war ich ungefähr zehn. Der schnuckelige Danny und ich hatten uns eine Weile Zettel hin und her geschoben. »Ich bin in dich, bist du auch in mich?«, das übliche Programm eben. Es hieß immer nur »Ich bin in dich«, das Wort »verknallt« gab schon zu viel preis, und ich schätze, dass wir uns einredeten, es wäre weniger peinlich, wenn wir es einfach wegließen. Irgendwann kam es zu der unvermeidlichen Frage: »Willst du mit mir gehen? Ja, nein, vielleicht.« Natürlich kreuzte ich »Ja« an, das war Ehrensache. Nach ein paar Tagen fand ich den Zustand unerträglich, ich fühlte mich in meiner persönlichen Freiheit beschränkt und hatte mich zwischenzeitlich umorientiert. Eine neue Liebe ist schließlich der ultimative Schlussmachgrund. Das Problem war nur: Wie sollte ich das Gespräch aufziehen? Miteinander gehen bedeutete nicht ein Mehr an Kommunikation, sondern ein Weniger. Wir waren so beschämt über diese plötzliche Intimität, dass wir uns aus dem Weg gingen, wo wir nur konnten. Irgendwann schrieb ich auf einen Zettel: »Ich bin nicht mehr in dich, ich bin jetzt in Sebastian«, und zwei Tage später ging Danny mit der blonden Anna und blieb mit ihr ewig zusammen, auf jeden Fall, bis die Sommerferien begannen.

Das Problem mit dem Schlussmachen war ja, dass man die Botschaft überbringen musste, ohne sein Gesicht zu verlieren. Damals war es noch nicht so wichtig, dass auch der andere sein Gesicht wahren konnte. Unsere ersten Versuche waren grob und unsensibel, und wir gaben uns in den Pausen gegenseitig Rat, wie man »es« am besten rüberbrächte. »Du musst auf alle Fälle cool dabei aussehen«, sagte Mona. »Sonst denkt er noch, dass du traurig darüber bist.« – »Genau«, stimmte Alexandra zu, »aber man muss es richtig sagen, sonst klappt es nachher nicht.« Sie sprach aus Erfahrung. In ihrem Trennungsgespräch mit Sebastian (wir wechselten die Jungs regelmäßig, so viele gute gab es nicht) hatte sie sich irgendwie unklar ausgedrückt und so den Weg für eine neue Beziehung fast zwei Wochen lang blockiert – es dauerte ewig, das Durcheinander aufzuklären. Wenn die Jungs mit uns Schluss machten, taten sie dies, indem sie in grimmiges Schweigen verfielen, in der Hoffnung, wir würden die Zeichen richtig deuten. So brachten wir einen Teil der Schulzeit herum.

Aus dem Debakel mit Christian, etwa fünf Jahre nach Danny, hatte ich immerhin gelernt, dass es Arten gibt, auf die man keinesfalls Schluss machen sollte, es sei denn, man hat sowieso vor, auszuwandern oder unterzutauchen. Als ich ungefähr drei Monate später das nächste Mal Schluss machte (mit Frank, meinem ersten Freund mit allem Drum und Dran), war ich in der Lage, fast schon ein richtiges Erwachsenengespräch zu führen. Er hatte mich mit seiner Exfreundin betrogen, und nach kurzem Für und Wider zitierte ich ihn zu mir und schickte ihn mit einem Arschtritt zurück in die zugige Welt der Singles. Man kann nicht behaupten, dass ich mich danach gut fühlte, im Gegenteil, ich fühlte mich so mies wie noch nie in meinem Leben. Fremdgehen, da waren wir Mädchen uns einig, war nicht verhandelbar. Trotzdem verfluchte ich mich, weil ich Schuldgefühle hatte. Was, wenn ich aus reiner Kleingeistigkeit den Mann meines Lebens verjagt hatte? Würde ich jemals wieder vorurteilsfrei lieben können? Auch das ist eine Seite des Schlussmachens: nicht wissen, ob danach überhaupt noch ein Kapitel kommt.

Die Jahre vergingen. Ich las eine Menge Frauenzeitschriften und versuchte, fürs Leben dazuzulernen. »Wie Sie den Mann für die Ewigkeit finden!« oder so ähnlich stand in fast jeder Ausgabe. »So werden Sie ihn wieder los!« stand leider in keiner. Schluss zu machen blieb eine Quälerei. Verlassen zu werden war dagegen geradezu okay. Man sparte sich die Selbstvorwürfe, die zermürbenden Tage zwischen Entschluss und Ausführung und außerdem das Gefühl, dem anderen das Leben versaut zu haben, zumindest kurzfristig. Die Ansprüche waren ja gestiegen. Ich machte nicht mehr mit jemandem Schluss, mit dem ich ins Kino gegangen war und Sex gehabt hatte, bis es keinen Spaß mehr machte. Inzwischen machte ich mit Leuten Schluss, mit denen ich die wesentlichen Eckdaten des Erwachsenseins (Kinder, Haus, Lebensversicherung) diskutiert hatte.

Liebesentzug ist im Wesentlichen eine Frage des Egos, und nur in zweiter Linie eine des Herzens. Erstens für den Schlussmacher, weil er eine Weile zähneknirschend durch die Gegend laufen muss. Zweitens natürlich für den Verlassenen, der damit klarkommen muss, dass ihn ein anderer für nicht gut oder passend genug empfunden hat. An dem Brocken hat man mal kürzer, mal länger zu schlucken, und die Größe des Schmerzes hat rein gar nichts damit zu tun, ob man sorgfältig abserviert oder einfach fallen gelassen wurde. Als zum Beispiel Konrad mit mir Schluss machte (nach drei Wochen, ohne das ganze Ehe-/Kinder-/Hausgerede natürlich), fühlte ich mich wesentlich verletzter als nach der Sache mit Simon (8 Monate, Kinder: ja, Haus: nein), obwohl mich Simon, dem ich mich sehr nahe fühlte, mies aus dem Rennen geworfen hatte, und Konrad haarklein seine Bedenken dargelegt hatte.

Es gibt eine allgemein anerkannte Art, wie man Schluss zu machen hat: Man muss ehrlich sein, man darf den anderen nicht belügen, und man sollte das Ganze in vertrauter Umgebung vollziehen und keinesfalls auf stilistische Hilfsmittel wie ein Treffen im »Café Solo« zurückgreifen. Es hilft, wenn man im Moment des Schlussmachens nicht längst neu gebunden ist. Trotzdem kann man bei aller Fairness das Ausmaß des Schmerzes und der Beleidigung nicht vorausberechnen. Das Hässliche an der Tat bleibt, egal, wie geschickt man sich anstellt. Ich nehme an, dass ist auch ein Grund, warum Leute heiraten: die Hoffnung, nie mehr Schluss machen zu müssen.

So heiter sich das anhört, Schlussmachen ist eine Notwendigkeit, in der man sehr viel über den Status des Verhältnisses zu sich selbst ablesen kann. Für jemanden, der unter einem Mangel an Selbstliebe leidet, ist es schwerer, sich aus kaputten Beziehungen zu lösen. Wie oft höre ich den Satz »Er wird eine Trennung nicht überstehen, ich muss bei ihm bleiben« oder das Argument »Ich warte noch, bis es wirklich unerträglich ist«. Der Gedanke, aus Schutz bei jemandem zu bleiben, damit der andere, scheinbar schwache Partner, nicht ins Bodenlose abrutscht, ist nachvollziehbar, lenkt aber von der Wahrheit ab. Eine Trennung wirft uns auf uns selbst zurück und macht die Wunden sichtbar. Nicht Schluss machen zu können ist eine Schutzfunktion. Denk daran, wie unfair das ist: Du beraubst nicht nur dich selbst der Chance auf ein schönes Leben, sondern den anderen gleich mit.

Einer der Hauptgründe, warum Menschen sich trennen, ist Sex oder vielmehr der Mangel daran. Sex macht nicht nur zufrieden, er sorgt dafür, dass wir uns in einer Beziehung wohl und anerkannt fühlen. Ich halte den Mangel an Sex für ein Symptom in Beziehungen, nicht für die Ursache. Wenn es also im Bett schlecht läuft, liegt das eher daran, dass grundsätzlich in der Kommunikation etwas nicht stimmt. Und auch wenn es sich häufig so anfühlt: Nicht immer ist eine Beziehung wirklich am Ende. Manchmal sind auch einfach nur Ratlosigkeit und das Fehlen einer vernünftigen Kommunikation der Auslöser zu glauben, dass es nicht mehr weitergeht. Dabei wird oft übersehen, dass es in der Beziehung eigentlich noch sehr viel Liebe und Leben gibt. Ich meine, dass man vor dem Schlussmachen immer zwei- oder dreimal hinsehen sollte, bevor man das Handtuch wirft. Anders als in meiner Jugend bin ich heute dafür, Beziehungen richtig durchzuackern und jedes Steinchen umzudrehen, bevor man genau denselben Mist mit dem Nächsten wiederholt.

Für Menschen, die unter zu wenig Selbstliebe leiden, kann das Lösen aus einer Beziehung, die nicht funktioniert, aber zu einem echten Problem werden. Sie neigen dazu, länger in für sie unerträglichen Situationen zu bleiben, als es gut ist. Vielleicht hast auch du dir schon mal gesagt, dass er sich bestimmt bald ändern wird, wenn du noch netter, angepasster oder attraktiver wirst, und bist geblieben, obwohl all deine Freunde dich angefleht haben, dieses unwürdige Schauspiel endlich zu beenden.

In einer kürzeren Beziehung ist es möglicherweise Zeit zu gehen, wenn …

♡ … er nicht anruft, obwohl er versprochen hat anzurufen. Und zwar zum wiederholten Mal, ohne passende Entschuldigung. Offenbar bist du auf seiner Prioritätenliste nicht mehr die Nummer eins, und du wirst es auch nicht werden, in dem du noch süßer, nackter oder verfügbarer wirst.

♡ … er zu Verabredungen zu spät kommt, die Arbeit vorschiebt oder, schlimmer noch, gar nicht kommt.

♡ … er eben noch davon gesprochen hat, dass er mit dir zusammenziehen möchte, und jetzt will er doch lieber seine Bude behalten – weil er »seine Freiheit braucht«.

♡ … er es hasst, wenn du ihn spontan besuchst. »Gerade beschäftigt sein« ist nur eine höfliche Bezeichnung für »Meistens gehst du mir auf die Nerven«.

♡ … er dich nicht mit zu Familienfesten nehmen will und erst recht nicht zu dieser schicken Hochzeit, zu der er demnächst eingeladen ist. Warum nicht? Weil seine Mutter/sein bester Freund/seine Cousine immer so »schwierig« ist mit neuen Gesichtern. Verstehst du doch, oder?

In einer längeren Beziehung ist es möglicherweise Zeit zu gehen, wenn …

♡ … er keine Lust mehr auf Sex mit dir hat. Früher zog er sich schon aus, wenn du nur »Hallo« gesagt hast, heute schiebt er deine Hand weg, wenn du ihn streicheln möchtest.

♡ … du seine Freunde auch nach zwei Jahren nur vom Hörensagen her kennst. »Wir sind eine verschworene Truppe, da haben Frauen wirklich nichts zu suchen.« Tatsächlich? Oder gilt das nur für dich?

♡ … du dich meistens mies fühlst, wenn er nicht da ist, und ständig ein ungutes Gefühl hast. Das bedeutet nicht nur, dass du ihm überhaupt nicht vertraust, sondern auch, dass du ernsthafte Probleme mit der Selbstliebe hast. Eine Beziehung ist dazu da, das Leben schöner zu machen, nicht schlechter. Denk daran.

♡ … du keine Lust mehr auf Sex mit ihm hast. Wenn es sich nicht vermeiden lässt, denkst du währenddessen an irgendeinen anderen.

♡ … er sagt: »Wir sollten die Küche demnächst streichen, und du automatisch denkst: »Ich. *Ich* sollte die Küche streichen.«

♡ … er immer häufiger sehr spät oder gar nicht nach Hause kommt, weil er angeblich bei Freunden war.

♡ … du immer häufiger sehr spät oder gar nicht nach Hause kommst, weil du angeblich bei Freundinnen warst.

Gerade, wenn du unter Selbstzweifeln leidest und dazu neigst, dich über deine Beziehung zu definieren, solltest du versuchen, die Trennung als etwas Positives zu sehen. Anstelle von »Meine Beziehung ist gescheitert, ich bin eine totale Versagerin« solltest du dir eine freundlichere Formulierung ausdenken. Zum Beispiel »Unsere Zeit ist abgelaufen«, das hilft dir nämlich, Schmerz und Schuldgefühle in Schach zu halten. Es ist ganz logisch, dass man sich im Vertrauten wohler fühlt als in der Unsicherheit, aber es bringt auch nichts, sich an scheinbar Sichereres und zu Erwartendes zu klammern, wenn es nicht gut für einen ist. Wie lange du leiden wirst, kann ich dir leider nicht sagen. Aber ich glaube fest daran, dass die Zeit, die man braucht, um sich besser zu fühlen, in direkter Relation zu dem Verhältnis steht, das man zu sich selbst hat. Denn wenn du dich selbst liebst, weißt du, dass du niemanden brauchst, um als Mensch wertvoll zu sein.

Du liebst dich nicht genug, wenn du Pornos als Konkurrenz ansiehst

Sehr häufig bekomme ich Zuschriften von Frauen, die sich Sorgen machen, weil ihr Freund Pornos guckt. Was ist da los? Glaubt irgendeine Frau ernsthaft, dass sie mit einer Frau konkurriert, die in *Acht Möpse für ein Halleluja* oder bei *Steppenbrand am Rosettenrand* mitspielt?

Ich war beruflich bedingt ja schon häufiger auf Pornodrehs, auf stilvollen und weniger stilvollen. Einmal haben wir meine

Fernsehsendung *Paula kommt* in einem Pornostudio gedreht, weil meine Gesprächspartnerin die Vorstellung toll fand, während des Sex Pornos zu schauen. Du ahnst es schon: Sie hielt sich selbst für nicht ausreichend, um den Mann zu stimulieren. Jedenfalls sollten im Gesprächshintergrund, quasi als verschwommenes, lebendiges Bühnenbild, zwei Pornodarsteller live miteinander Sex haben. Das Problem war, dass wir ein Team aus Frauen waren und der Darsteller der einzige Mann. Bei ihm führte das zu einer gewissen Überforderung. Während er verzweifelt an seiner labilen Erektion herumschraubte, schlug sich die Frau zur Motivation immer wieder auf den Hintern. Vorne war das Gespräch längst zum Erliegen gekommen, weil wir alle wie gebannt auf das Paar starrten, das Sex haben sollte, es aber nicht schaffte. Als er dann schließlich unter größter Konzentration ein wenig hart wurde und in sie eindrang, also quasi endlich Porno lief, rief sie laut und deutlich: »Sport frei!« Nicht nur wir waren erschrocken, sondern auch die arme Erektion, die sich auf Nimmerwiedersehen verkrümelte.

Pornographie ist Illusion. Sie spielt mit Macht, Urgewalt und ständig verfügbarer Weiblichkeit. Praktisch alle Männer, und damit meine ich wirklich alle, schauen gerne Pornos an und, ja, sie tun es sogar, während sie in einer Beziehung sind. Sie gucken meistens zweckgebunden, das heißt, um sich einen runterzuholen oder sich zumindest zu stimulieren und nicht, weil sie in Jamie-Lee Bumsikowski die Frau ihrer Träume sehen.

Wenn Männer allerdings nichts anderes mehr tun als Pornos

zu konsumieren, stimmt etwas nicht. Porno überzukonsumieren kann genauso eine Sucht werden wie Essen, Alkohol oder Drogen, und sie hat genau die gleiche Funktion: Sie soll davon ablenken, Schmerzen und unangenehme Gefühle zu verspüren. So oder so hat der Pornokonsum nichts mit dir zu tun, mach dich also bitte frei von dem Gedanken Loulou und Shanice könnten irgendetwas mit deiner Attraktivität auf Männer zu tun haben.

Es ist auch nicht so, als müssten Pornos ausschließlich inhaltsleere Bumsnummern sein, in denen Frauen ausgebeutet werden. In San Francisco gibt es *The Erotic Film School* von Madison Young. Ich hatte einmal das Vergnügen, die feministische Pornographin für das Format »Unter fremden Decken« zu interviewen und war von ihrer Intelligenz und ihrer politischen Agenda sehr beeindruckt. In der Erotikschule lernen die Schüler, Sex auch als Instrument des politischen Ausdrucks zu sehen und dementsprechende Filme zu machen. »Mir ist es am wichtigsten, meinen Schülern Mut zu machen, sich auszuleben und darüber zu sprechen, was ihnen von Bedeutung ist und welche Werte sie in ihre Filme bringen wollen. Wir sind in der Lage, dieses Stigma und die Scham rund um das Thema Sexualität aufzulösen, einfach, weil wir mehr und mehr Menschen ausbilden, die sich damit wohlfühlen und in der Lage sind, ihr eigenes gutes Ding zu machen.« Und es ist ja auch nicht so, dass Porno nur Vögeln bedeuten muss. Da kann durchaus auch Inhalt rein. »Durch Sex kannst du sehr viele Themen ansprechen und sie enttarnen. Rassismus, Gleichberechtigung, Kapitalismus, Gender-

Politik oder das Patriarchat.« Na gut, ich gebe zu, dass das wahrscheinlich nicht die Filme sind, die dein Typ üblicherweise guckt.

Finde dich gut-Effekt:

Du kannst ihm den Spaß lassen, weil du verstanden hast, dass ein Pornostar keine Konkurrenz ist. Und dass es wirklich unattraktiv ist, auf Pornos eifersüchtig zu sein. Das wäre ja ungefähr so, als würdest du nach jedem Film mit Ryan Gosling über eine Hochzeit mit ihm nachdenken. Na gut. So ähnlich zumindest. Und wenn ihm etwas Entscheidendes im Leben fehlt, muss er selber darauf kommen, was es ist. Es ist nicht dein Job, anderen zu ihrem Glück zu verhelfen. Dein Job ist es, dich um dich zu kümmern. Dazu gehört auch, cool genug zu sein, »Crazy bitches cum all over me« locker wegzuatmen.

Gedanken zum Thema Sexfantasien

Vor einiger Zeit unterhielt ich mich mit Freundinnen über das Thema Sexfantasien. Mein Gedanke war, dass Sexfantasien unbedingt nötig sind, um neue Welten zu erforschen – ob man sie dann umsetzt, ist völlig egal. Hauptsache, man erlaubt dem Geist, ein bisschen zu fliegen. Eine der Frauen sagte: »So ein Blödsinn! Ich habe nie Sexfantasien.« Das war die, die sowieso findet, dass Sex nichts für sie ist. »Aber warum nicht?«, fragte ich. »Stell dir nur vor, was du alles tun könntest und mit wem. Du kannst dir aussuchen, wer es ist und was er mit dir macht.« Sie schüttelte den Kopf. »Nein, das kann ich nicht. Will ich auch gar nicht.« Sie ist eine Frau, die das Weibliche in sich ablehnt und sich ihrer Sexualität verweigert.

In meiner Fernsehsendung *Paula kommt* habe ich häufig Menschen zu Gast, die sehr starke Fantasien haben und diese auch in die Tat umsetzen. Viele davon spielen in den Fetischbereich, und nicht alle kann ich nachvollziehen. Aber was all diesen Menschen gemein ist, ist, dass sie sich intensiv mit ihrer Sexualität auseinandergesetzt haben und genau wissen, was sie sich wünschen und was nicht.

»Passt auf«, sagte eine andere Frau am Tisch. »Seit Jahren träume ich davon, Sex mit einem Fremden zu haben. Die klassische Rein-raus-Nummer, nicht nach dem Namen fragen, sondern höchstens nach der Kondomgröße. Das hätte was. Leider habe ich mich bisher nie getraut, sondern denke immer: im kommenden Jahr ganz bestimmt. Es wird ja auch Zeit. Ich werde nicht jünger, dafür aber die Dates immer komplizierter. Wenn ich richtigen Sex haben will, muss ich mich verabreden, Nettigkeiten austauschen, abchecken, ob *er* als Partner in Frage kommt. Sex mit einem Fremden stelle ich mir aufregend und einfach vor. Unsere Blicke treffen sich. Wir wissen beide, dass wir nur das eine voneinander wollen. Ohne groß zu reden, gehen wir an einen ruhigen Ort, reißen uns die Kleider vom Leib und tun es, wild und hemmungslos wie die Tiere. Ich müsste nicht darauf achten, was ich sage, weil es egal wäre, ich müsste mich nicht zurückhalten, um ihn nicht zu schockieren, ich könnte mich eben einfach hingeben, ohne das ganze Gedankenpaket, das man sonst so im Kopf herumschleppt. Und danach würden wir uns einfach wieder anziehen und auseinandergehen. Und jeder würde seine Geschichte mitnehmen. Unbelasteter Sex eben. Wir wüssten nicht einmal unsere Namen.« Sie sah sich in der Runde um. »Eine Cousine von mir hat das mal gemacht. Sie hat ihn in einer Bar in einer fremden Stadt getroffen, und sie trieben es spontan auf dem Klo. Der Sex war fantastisch. Ein paar Wochen später, als sie wieder zu Hause war, stieg sie in ein Taxi, und wer saß am Steuer? Tja. Sie haben auch da kein weiteres Wort gewechselt, den Blickkontakt vermieden und betreten geschwiegen. Wenn ich es recht überlege: Vielleicht sollte ich dafür lieber ins Ausland fahren. London soll ja sehr schön sein.«

Mit einer einfachen Fantasie hat sie ihrer Lust Ausdruck gegeben, völlig unbelasteten Sex zu haben. Warum auch nicht? Sex scheint für sie mit viel Grübelei und Taktiererei verbunden zu sein, und sie hat sich einen Ort geschaffen, an dem sie sich frei und sicher fühlt. Was ihren Weg angeht, bin ich nicht beunruhigt, weil ich weiß, dass sie sich darum kümmert, eine Möglichkeit zu finden, ihre Sexualität auch im realen Leben freizumachen.

Paula, da kann ich mitreden ...

»Das kommt jetzt vielleicht ein bisschen komisch, weil ich einen kleinen Bruder habe, aber ich träume davon, eine männliche Jungfrau zu verführen. Am liebsten einen, der gerade Abi gemacht hat.«

Collien, 24

»50 Shades of Grey finde ich blöd, aber so ein Typ, der mich dominiert und mir sagt, was ich tun soll, macht mich total an. Der es mir dann aber auch ordentlich besorgt. Vin Diesel oder The Rock, wenn ich die Wahl hätte.«

Patricia, 40

»Frauen hassen das meistens, aber ich will eine Gruppe gieriger Frauen unter mir haben, denen ich ins Gesicht kommen kann. Albern, ich weiß. Aber es ist nun mal meine Fantasie.«

Markus, 27

»Gangbang, ganz klar. Ich würde mich das im echten Leben nie trauen, aber in meiner Vorstellung ist es superheiß. Ich liege dabei in einer Kirche, und um mich herum sind lauter knackige Männer, die rituelle Umhänge tragen. Ich bin so etwas wie das Opfer, das die Götter beruhigen soll.«

Athina, 32

»Gekidnapped zu werden. Von einem heißen Typen. Mit viel Sex. Ist im echten Leben sehr uncool, das ist mir schon klar.«

Thekla, 23

»Ich möchte mal von einer heißen Blondine verführt werden, die mich so richtig durchnimmt. Und ich bin die Unschuld vom Lande und traue mich gar nichts. Wenn ich masturbiere, ist diese Story immer in meinem Kopf. Das Merkwürdige ist, dass ich gar nicht auf Frauen stehe und auch noch nie eine Blondine gesehen habe, die ansatzweise in Frage käme.«

Julia, 33

»Das Größte für mich wäre, wenn mir eine Kellnerin im Gasthaus auf den Rücken pinkelt, während ich mir einen runterhole. Keine Ahnung, woher das kommt.«

Dominik, 29

»Definitiv ein Dreier mit einer weiteren Frau, aber ich wäre die Hauptdarstellerin. Beide, mein Freund und die andere, müssten sich ausgiebig um mich kümmern und dürften sich gegenseitig nur ein wenig stimulieren. Ich bestimme, wer wann kommt!«

Elli, 36

Du liebst dich nicht genug, wenn du wie eine olympische Gymnastin durchs Bett turnst

Meiner Erfahrung nach gibt es einen Zusammenhang zwischen Orgasmusschwierigkeiten und der Art, wie eine Frau sich beim Sex bewegt. Manche Frauen fordern ihren Partner auf, alle 60 Sekunden die Stellung zu wechseln, und springen durch das Bett, als würden sie für die Olympischen Spiele trainieren. Sie räkeln und winden sich und sorgen auch soundmäßig für die passende Untermalung, indem sie stöhnen und ächzen und seufzen, was das Zeug hält. Ganz ehrlich: So könnte ich auch nicht kommen. Großartiger, atemberaubender Sex muss kein Leistungssport sein, zumal die meisten Frauen auch nur ein oder zwei Stellungen haben, in denen sie zuverlässig kommen können. Es genügt vollkommen, wenn du mit echtem Genuss bei der Sache bist. Ich habe viele Männer in meinem Umfeld gefragt, was für sie guten Sex ausmacht. Die meisten Antworten gingen in Richtung: »Wenn sie mir das Gefühl gibt, dass ich in diesem Moment der Allergrößte für sie bin.« Dazu musst du nicht turnen, dich nicht verbiegen und auch nicht im Spagat auf ihn draufspringen. Beweglich zu sein ist schön, und du sollst ja auch nicht daliegen wie ein gestrandeter Seestern. Aber eine gut durchgezogene Missionarsstellung ist manchmal deutlich schärfer als *In 50 Stellungen um die Welt*. Du hast nicht nur für ihn Sex, sondern auch für dich. Und wen willst du mit deiner Performance beeindrucken, das internationale Pornokomitee? Du hast Sex, damit es dir gut geht. Dir! Wie willst du einen Orgasmus haben, wenn du dir selbst ständig die Stimulation raubst? Finde lieber eine Stellung, die dich wirklich befriedigen kann, und zwing ihn in einen Rhythmus, der für euch beide funktioniert.

Ein bisschen anders ist es beim Oralverkehr. Oralsex praktiziert man auch für sich selbst, weil es aufregend ist, den anderen so in Ekstase zu sehen. Aber vor allem sorgt man dabei dafür, dass der Partner seinen Spaß hat. Immer wieder werde ich gefragt, wie denn nun der perfekte Blowjob geht. Die BJ-Frage ist ein echter Dauerbrenner, und ich denke oft, dass es am besten wäre, die am Penis dranhängenden Männer selbst zu fragen, denn auch da gibt es Bedürfnisunterschiede. Sicher ist, dass die Zähne dabei nichts zu suchen haben. Und ansonsten halt dich einfach an folgende Regel: Gib ihm das Gefühl, dass du gleich stirbst, wenn du seinen Penis nicht auf der Stelle in den Mund nehmen darfst. Du hast ewig darauf gewartet, dass du an ihm lecken, saugen und ihn streicheln kannst, und du hättest es keine Sekunde, wirklich nicht mal einen Atemzug länger ausgehalten. Du vergehst, wenn er nicht augenblicklich seinen köstlichen Saft mit dir teilt und bist willens, jeden einzelnen Tropfen aufzusaugen, weil dich momentan nach nichts anderem dürstet. Funktioniert garantiert.

Finde dich gut-Effekt:

Du musst niemandem beweisen, wie viele Stellungen du kennst. Du bist nämlich eine supertolle Frau, schon vergessen? Wir sind hier auf der Suche nach deinem Orgasmus und deinem Spaß, also tu mir und dir einen Gefallen und lass es dir so gut besorgen wie möglich.

Ausblick

Du und ich, wir werden noch eine ganze Weile Bus fahren. Und ich wünsche mir, dass die Fahrt so schön und angenehm wie möglich wird! Ich bin froh, dass ich inzwischen sofort merke, wenn meine Nörgler und Quengler nach vorne kommen. Meine Autorität ist inzwischen so groß, dass sie schon zusammenzucken, wenn ich mich bloß umdrehe! Es dauert ein bisschen, sie in den Griff zu bekommen, aber du schaffst das, genauso, wie ich das geschafft habe.

Im Leben geht es auch darum zu verzeihen. Ich weiß nicht, wer dir einen so empfindlich schmerzenden Tritt verpasst hat, aber du weißt es, oder? Vielleicht kannst du darüber noch einmal nachdenken und verstehen, dass auch der- oder diejenige aus einer eigenen Verletzung heraus gehandelt hat. Das heißt weiß Gott nicht, dass man sich mit diesen Menschen weiter umgeben muss. Aber du kannst sie mit einem freundlichen Lächeln ziehen lassen, damit aus deinem Herzen nicht ein Ort wird, an dem sich die Asche stapelt.

Ich kann dir nicht garantieren, dass du in den nächsten Wochen schon den Partner fürs Leben findest. Aber ich kann dir versprechen, dass es passieren wird, sobald du diese staubige Kiste, auf der mit dicken Buchstaben *Selbstliebe* steht, aus dem Keller geholt und ordentlich abgewischt hast. Menschen, die mit sich selber klarkommen, sind einfach absolut unwiderstehlich, das ist eine Wahrheit, die ewige Gültigkeit besitzt. Und dein Körper wird sich an den Zustand deiner Seele anpassen, weil er gar nicht anders kann. Beide, Seele und Körper, sind ja eine Einheit. Also keine Panik.

Ein paar Sachen wünsche ich mir noch zum Schluss. Es geht um die Solidarität, mit der wir uns gegenseitig begegnen. Mir gefällt nicht, wie Frauen miteinander umgehen und wie Männer Frauen bewerten. Im Amerikanischen gibt es drei Begriffe, die es darauf anlegen, Menschen aufgrund bestimmter Merkmale öffentlich bloßzustellen – und sie haben es auch in unsere Kultur geschafft: *Body Shaming* bedeutet, jemanden aufgrund seines Körperbaus zu beleidigen. *Fat Shaming* heißt, eine Person lächerlich zu machen, weil sie zu viel Speck am Leib hat. Und *Slut Shaming* bedeutet, eine Frau aufgrund ihrer sexuellen Aktivität abzuwerten. Warum überhaupt jemanden abwerten? Macht es einen wirklich größer, wenn man einen anderen erniedrigt? Was den Sex betrifft, habe ich nie verstanden, warum eine Frau nicht machen darf, was sie will. Du weißt sicher, was der *Walk of Shame* ist. Er nennt sich Schandengang, weil die Frau in den Klamotten vom Vorabend offensichtlich frisch gevögelt morgens nach Hause geht. Aktivisten haben den Walk of Shame jetzt umbenannt in *I got laid*-Parade – Ich wurde flachgelegt-Parade. Das finde ich prima, und ich gebe jeder Frau ein High Five, die mir morgens im Abendkleid begegnet. Ich hoffe, sie hat so richtig Spaß gehabt.

Was unsere Körper betrifft, finde ich, dass wir anfangen sollten, uns zu ihnen zu gratulieren. Sie haben Fantastisches vollbracht, sie sind unsere Begleiter durch dick und dünn, und jeder, der versucht, dich wegen deines Aussehens runterzumachen, legt sich mit mir an.

Denk immer daran: Paula liebt dich!